U0556137

中国供销合作经济发展研究报告
（2024 年）

主　编　董晓波　刘　巍

参　编　刘　敏　韩志勇　韦道菊

中国商业出版社

图书在版编目(CIP)数据

中国供销合作经济发展研究报告. 2024年 / 董晓波，
刘巍主编. —— 北京 ：中国商业出版社，2024.10.
ISBN 978—7—5208—3187—1

Ⅰ. F721.2

中国国家版本馆 CIP 数据核字第 2024PD0205 号

责任编辑：李 飞

（策划编辑：蔡 凯）

中国商业出版社出版发行

（www.zgsycb.com 100053 北京广安门内报国寺1号）

总编室：010—63180647 编辑室：010—83114579

发行部：010—83120835/8286

新华书店经销

北京九州迅驰传媒文化有限公司印刷

＊

787 毫米×1092 毫米 16 开 10 印张 220 千字

2024 年 10 月第 1 版 2024 年 10 月第 1 次印刷

定价：76.00 元

＊ ＊ ＊ ＊

（如有印装质量问题可更换）

中国供销合作经济发展研究报告（2024 年）

编委会

前　言

中华全国供销合作社是我国目前组织体系最完整、网络覆盖面最广、唯一代表我国各类合作社加入国际合作社联盟（ICA）的合作经济组织，在我国经济社会发展的历史上作出了不可磨灭的重要贡献。当前，我国经济社会发展进入了新时代，党中央、国务院高度重视供销合作社的改革和发展。在全体人民共同富裕的中国式现代化战略目标下，供销合作社迎来了新的机遇和挑战。

一直以来，供销合作社都在不断探索、创新，不断提升综合服务水平。2015年，中共中央、国务院作出深化供销合作社综合改革的战略部署，于2015年3月出台了《中共中央、国务院关于深化供销合作社综合改革的决定》。2016年4月25日，习近平总书记在安徽凤阳县小岗村主持召开了农村改革座谈会，强调要深化农村改革需要多要素联动，明确指出要推进供销合作社综合改革。2020年9月，中华全国供销合作社第七次代表大会召开之际，习近平总书记又对供销合作社工作作出重要指示，明确指出"供销合作社是党领导下的为农服务的综合性合作经济组织"，同时充分肯定了供销合作社的历史贡献和近些年来综合改革成效，要求各级党委和政府继续办好供销合作社，这是推动新时代供销合作社事业发展的行动指南，为供销合作社发展指明了方向。2024年1月1日，中共中央、国务院发布《关于学习运用"千村示范、万村整治"工程经验有力有效推进乡村全面振兴的意见》，明确提出"坚持为农服务和政事分开、社企分开，持续深化供销合作社综合改革"。

深化供销合作社综合改革，不仅是推进供销社自身改革和发展的内在需求，也是我国推进农业现代化建设和实施乡村振兴战略的需要，还是巩固党在农村执政基础的需要，更是实现共同富裕伟大目标的需要。发展现代农业，要求供销合作社发挥组织体系优势，积极构建综合性、规模化、可持续的社会化服务体系；实施乡村振兴战略，要求供销合作社发挥扎根基层、上下贯通的优势，广泛凝聚各类社会资源，盘活闲置资产，实现城乡融合发展；实现共同富裕，要求供销合作社积极发挥党领导下的综合性合作经济组织这一独特优势，主动弥补市场缺陷导致的不足，避免两极分化，寻求效率与公平的最佳结合，保障广大农民的根本利益，成为党和国家在农业农村发展中抓得住、用得上、靠得住的重要力量。

面对新形势，供销合作社如何坚持为农服务宗旨，持续深化综合改革，创新我国供销合作社体制机制，进一步激发供销合作社的内生动力和发展活力，提升服务能力，拓展服务领域，打造服务农民生产生活的综合平台，成为党和政府密切联系农民群众的桥梁与纽带，使供销合作社在实施乡村振兴战略中发挥更大的作用，为践行共同富裕这一中国特色社会主义本质要求贡献力量，是一个亟待认真研究的问题。因此，以习近平新时代中国特色社会主义思想为指导，认真学习习近平同志对供销合作社工作作出的重要指示精神，系统深入地研究中国特色供销合作社理论、道路、制度和文化，准确及时地反映和宣传我国供销合作社事业取得的成就，针对存在的难点问题，提出切实可行的对策，就显得意义十分重大。

安徽财经大学长期得到中华全国供销合作总社支持，密切关注我国供销合作社事业发展。我们有责任搭建产学研协同创新平台，加强合作经济理论研究，培养合作经济人才，宣传合作社文化，弘扬合作精神，凸显我校合作经济办学特色，为中国特色供销合作经济事业发展作出应有的贡献。本报告编写分工如下：第一、第二、第三部分由董晓波编写，第四、第五部分由韩志勇编写，第六部分由韦道菊编写，第七部分由刘敏编写，第八部分由刘巍编写，最后由董晓波、刘巍统稿。研究生郭莎莎、吴延昭等做了大量优秀的助研工作。在本报告编写过程中，得到了安徽财经大学分管领导和学校科研处领导的大力支持和帮助，在此一并表示感谢。

董晓波　刘　巍

2024 年 7 月

目　录

第一部分　全国供销合作社发展现状 ·······················（1）

一、全国供销合作社发展概况 ·······························（1）

二、供销合作社发展中存在的问题 ·························（12）

三、促进供销合作社深化综合改革的对策建议 ···········（14）

第二部分　供销合作社综合改革与新型农村集体经济发展专题研究 ·······（16）

一、供销合作社综合改革的新发展 ·························（16）

二、供销合作社综合改革的新成效 ·························（25）

三、供销合作社推动新型农村集体经济发展的理论与实践 ···········（27）

第三部分　全国供销合作社社有企业发展专题研究 ·············（33）

一、全国供销合作社系统社有企业概况 ···················（33）

二、社有企业发展成效 ·····································（36）

三、供销社系统社有企业发展困境 ·························（38）

四、全国供销合作社社有企业发展的对策建议 ···········（42）

第四部分　全国供销合作社土地托管专题研究 ·················（54）

一、改革开放以来中国土地托管政策梳理 ···············（54）

二、全国供销合作社土地托管发展概况 ···················（60）

三、土地托管服务中存在的问题 ···························（66）

四、供销合作社开展土地托管服务建议 ···················（69）

第五部分　"三位一体"综合合作改革专题研究 ···············（75）

一、"三位一体"战略构想的提出 ···························（75）

二、"三位一体"综合合作的理论基础 ·····················（77）

三、"三位一体"综合合作的性质定位、功能和治理 ·······（79）

四、供销合作社推进"三位一体"综合合作的探索和实践 ···········（81）

第六部分 全国供销合作社电子商务发展研究 ⋯⋯⋯⋯⋯⋯⋯(89)

一、农村电商的发展阶段 ⋯⋯⋯⋯⋯⋯⋯⋯⋯⋯⋯⋯⋯⋯⋯(89)

二、全国供销合作社电子商务平台建设 ⋯⋯⋯⋯⋯⋯⋯⋯⋯(96)

三、供销合作社农产品电商发展面临的问题 ⋯⋯⋯⋯⋯⋯⋯(101)

四、供销合作社发展农产品电商的建议 ⋯⋯⋯⋯⋯⋯⋯⋯⋯(102)

第七部分 中国供销合作社70年发展历程 ⋯⋯⋯⋯⋯⋯⋯(106)

一、供销合作社的蓬勃发展时期(1949—1957年) ⋯⋯⋯⋯(106)

二、供销合作社的曲折发展时期(1958—1978年) ⋯⋯⋯⋯(108)

三、供销合作社的改革探索时期(1978—1991年) ⋯⋯⋯⋯(109)

四、供销合作社的改革发展新时期(1992—2009年) ⋯⋯⋯(111)

五、深化供销合作社的综合改革新时期(2015年至今) ⋯⋯⋯(115)

第八部分 供销合作社政策学习 ⋯⋯⋯⋯⋯⋯⋯⋯⋯⋯⋯(121)

一、《中共中央 国务院关于深化供销合作社综合改革的决定》

(中发〔2015〕11号)的政策学习 ⋯⋯⋯⋯⋯⋯⋯⋯⋯(122)

二、学习2016年4月25日习近平总书记重要讲话精神 ⋯⋯(133)

三、2021年"中央一号文件"关于深化供销合作社综合改革的

政策学习 ⋯⋯⋯⋯⋯⋯⋯⋯⋯⋯⋯⋯⋯⋯⋯⋯⋯⋯(135)

四、2023年《中共中央 国务院关于做好2023年全面推进乡村振兴

重点工作的意见》学习 ⋯⋯⋯⋯⋯⋯⋯⋯⋯⋯⋯⋯⋯(144)

参考文献 ⋯⋯⋯⋯⋯⋯⋯⋯⋯⋯⋯⋯⋯⋯⋯⋯⋯⋯⋯⋯(148)

第一部分　全国供销合作社发展现状

党的十八大以来，以习近平同志为核心的党中央高度重视供销合作社工作，习近平总书记先后多次作出重要指示批示，深刻阐明了供销合作社的性质定位、根本宗旨、地位作用，强调各级党委和政府要围绕加快推进农业农村现代化、巩固党在农村的执政基础，继续办好供销合作社，明确提出"加快建成适应社会主义市场经济需要、适应城乡发展一体化需要、适应中国特色农业现代化需要的组织体系和服务机制""把供销合作社打造成为同农民利益联结更紧密、为农服务功能更完备、市场运作更有效的合作经营组织体系""加快成为服务农民生产生活的综合平台，成为党和政府密切联系农民群众的桥梁纽带"的目标任务，为新时代新征程供销合作社改革发展指明了前进方向、提供了根本遵循。2015年，中共中央、国务院印发《中共中央　国务院关于深化供销合作社综合改革的决定》（中发〔2015〕11号），为新时代深化供销合作社综合改革提供了行动指南。

一、全国供销合作社发展概况

自《中共中央　国务院关于深化供销合作社综合改革的决定》（中发〔2015〕11号）颁布实施以来，供销合作社深化综合改革已进入第九个年头。总结这九年供销合作社综合改革的发展历程、改革成果以及经验举措非常必要，对供销合作社未来发展也具有十分重要的意义。

（一）综合改革不断深入

供销合作社改革发展历程，映射了中国经济社会发展的变迁过程。供销合作社在国家发展的不同时期，被赋予了不同的使命，扮演了不同的角色，发挥着不同的作用。表1梳理了自《国务院关于加快供销合作社改革发展的若干意见》（国发〔2009〕40 号）颁布实施以来，"中央一号文件"中涉及供销合作社的内容表述。从中可以发现，供销合作社改革一直围绕着为农服务宗旨展开，从未脱离过"三农"问题。从农村现代流通网络建设到供销社综合改革，到"三位一体"综合合作，再到农村社会化服务，体现了供销合作社对改革路径的不断探索，彰显了供销社系统坚持和深化综合改革的信心与决心，也表达了供销合作社为农服务的恒心。

2015 年以来，供销社系统在深化改革、服务"三农"和推动农村经济社会发展等方面取得了显著成就。供销社系统进一步完善组织体系，强化基层供销社建设。供销合作社的基层网点覆盖率明显提高，基本实现了乡村全覆盖。在农资供应、农产品流通、农民培训、农业社会化服务等方面的服务能力显著增强。通过发展农民专业合作社和联合社，供销合作社为农民提供了更加多样化的服务。积极推动农村电子商务发展，建立了农产品电商平台，帮助农民拓宽销售渠道，增加收入。通过"互联网＋"行动计划，供销合作社实现了线上线下融合发展。

表1 2010 年以来"中央一号文件"关于供销合作社的内容总结

"中央一号文件"	关于供销合作社的内容
2010 年	继续支持供销合作社新农村现代流通网络工程建设，提升"万村千乡"超市和农家店服务功能质量，加快落实推进供销合作社改革发展的相关政策，加强基层社建设，强化县联合社服务功能
2012 年	通过政府订购、定向委托、招投标等方式，扶持农民专业合作社、供销合作社、专业技术协会、农民用水合作组织、涉农企业等社会力量广泛参与农业产前、产中、产后服务。支持拥有全国性经营网络的供销合作社和邮政物流、粮食流通、大型商贸企业等参与农产品批发市场、仓储物流体系的建设经营。扶持供销合作社、农民专业合作社等发展联通城乡市场的双向流通网络
2013 年	支持供销合作社、大型商贸集团、邮政系统开展农产品流通。充分发挥供销合作社在农业社会化服务中的重要作用

"中央一号文件"	关于供销合作社的内容
2014 年	加快供销合作社改革发展。发挥供销合作社扎根农村、联系农民、点多面广的优势,积极稳妥开展供销合作社综合改革试点。按照改造自我、服务农民的要求,创新组织体系和服务机制,努力把供销合作社打造成为农民生产生活服务的生力军和综合平台。支持供销合作社加强新农村现代流通网络和农产品批发市场建设
2015 年	全面深化供销合作社综合改革,坚持为农服务方向,着力推进基层社改造,创新联合社治理机制,拓展为农服务领域,把供销合作社打造成全国性为"三农"提供综合服务的骨干力量。抓紧制定供销合作社条例
2016 年	深入推进供销合作社综合改革,提升为农服务能力。加强商贸流通、供销、邮政等系统物流服务网络和设施建设与衔接,加快完善县乡村物流体系。支持供销合作社创办领办农民合作社,引领农民参与农村产业融合发展、分享产业链收益
2017 年	积极发展生产、供销、信用"三位一体"综合合作。支持供销、邮政、农机等系统发挥为农服务综合平台作用,促进传统农资流通网点向现代农资综合服务商转型。推动商贸、供销、邮政、电商互联互通,加强从村到乡镇的物流体系建设,实施快递下乡工程。深入实施电子商务进农村综合示范。继续深化供销合作社综合改革,增强为农服务能力
2018 年	支持供销、邮政及各类企业把服务网点延伸到乡村。全面深化供销合作社综合改革
2019 年	继续深化供销合作社综合改革,制定供销合作社条例

"中央一号文件"	关于供销合作社的内容
2020 年	国家支持家庭农场、农民合作社、供销合作社、邮政快递企业、产业化龙头企业建设产地分拣包装、冷藏保鲜、仓储运输、初加工等设施，对其在农村建设的保鲜仓储设施用电实行农业生产用电价格。支持供销合作社、邮政快递企业等延伸乡村物流服务网络。继续深化供销合作社综合改革，提高为农服务能力
2021 年	深化供销合作社综合改革，开展生产、供销、信用"三位一体"综合合作试点，健全服务农民生产生活综合平台
2022 年	支持农业服务公司、农民合作社、农村集体经济组织、基层供销合作社等各类主体大力发展单环节、多环节、全程生产托管服务。支持供销合作社开展县域流通服务网络建设提升行动，建设县域集采集配中心
2023 年	坚持为农服务和社企分开、政事分开，持续深化供销合作社综合改革
2024 年	持续深化集体林权制度改革、农业水价综合改革、农垦改革和供销合作社综合改革

数据来源：根据 2010 年以来"中央一号文件"整理而得。[①]

大力推进农业现代化，通过推广农业新技术、新品种，开展农业机械化服务和综合配套服务，促进了农业生产效率和质量的提升。在精准扶贫方面发挥了重要作用，通过产业扶贫、就业扶贫、教育扶贫等多种方式，助力贫困地区脱贫致富。例如，通过产业项目和合作社带动，帮助贫困农户发展生产、增加收入。积极打造农产品品牌，提高农产品的市场竞争力和附加值，推动农业标准化生产和绿色发展。不断探索创新发展模式，推进混合所有制改革，吸引社会资本参与，共同推动供销合作事业的高质量发展。

---

① 2011 年"中央一号文件"《中共中央　国务院关于加快水利改革发展的决定》中未有关于供销合作社的直接表述，不在此表中体现。

（二）全国供销社系统销售总额稳步增长

2010 年供销社系统销售总额为 1.56 万亿元，2015 年突破 4 万亿元，2018 年达到了 5.89 万亿元。2019 年销售额下降了 1.29 万亿元，随后仍保持增长态势，2021 年突破 6 万亿元，2022 年达到了 6.52 万亿元。2023 年实现了新突破，达到了 7.3 万亿元（如图 1 所示）。供销社系统销售额增加，表明农产品、农资和农机等产品在农村市场需求旺盛。这说明农业生产活动活跃，农民对优质农业投入品和服务的需求增加。反映了供销合作社在供应链管理、物流配送和服务网络建设方面的提升。高效的服务能力使得合作社能够更好地满足农民的需求，提供更加便捷和多样化的服务。供销合作社销售额的增加也说明，合作社品牌的农产品受到了消费者的认可和欢迎，品牌效应显现。

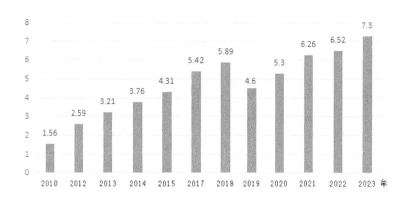

图 1　全国供销社系统 2010 年至 2023 年销售总额（单位：万亿元）

数据来源：中华全国供销合作总社网站。

随着为农服务宗旨的深入贯彻落实，供销合作社与农民联结愈加紧密，农产品上行成效显著，农产品销售额在供销社系统销售总额中的比例不断增大。2015 年以前，全国供销社系统农产品销售额不到 1 万亿，2017 年达到了 1.84 万亿元，2023 年达到了 3.17 万亿元。（见图 2 所示）。

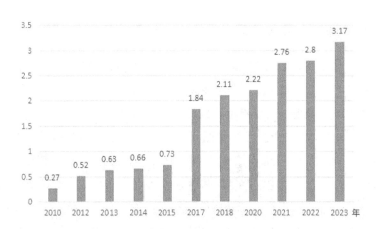

图2　全国供销社系统2010年至2023年农产品销售总额（单位：万亿元）
数据来源：中华全国供销合作总社网站。

全国系统农产品销售额不仅在绝对数额上不断增加，在相对比重上也不断上升。2010年，全国供销社系统农产品销售额在销售总额中的比例为17.3％，2021年这一比例达到了44.1％，2023年该比例为43.4％。（图3）。全国供销社系统农产品销售额及其比例的上升，表明供销社在农产品流通中的作用不断凸显，对提高农民收入、增强农产品竞争力有着不可或缺的作用。供销合作社通过发展农村电商、建立农产品批发市场，以及加强与超市、商场的合作，拓宽了农产品销售渠道，使得农产品能够更广泛地进入市场；通过提高农产品质量、进行品牌推广和认证等措施，提升了农产品的市场竞争力和附加值，从而促进销售额的增长；通过完善服务体系，提升了在农资供应、技术指导、农产品加工和销售等方面的服务能力，增强了对农民的吸引力和支持力度，促进了农产品销售额的增长。

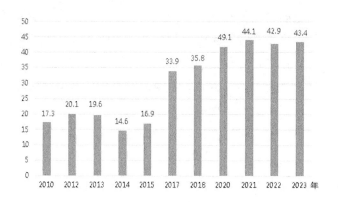

图 3　全国供销社系统 2010 年至 2023 年农产品销售额比例（单位：%）

数据来源：经计算整理而得。

（三）基层组织体系不断稳固

基层社是供销合作社为农服务的主要抓手，是供销合作社强化主责主业的重要基层组织载体。近些年，供销合作社基层社建设不断稳固提升，2013 年全国供销社系统的基层社数量为 2.18 万个，此后保持了稳步上升态势，2023 年全国供销社系统基层社达到了 3.76 万个。如图 4 所示。

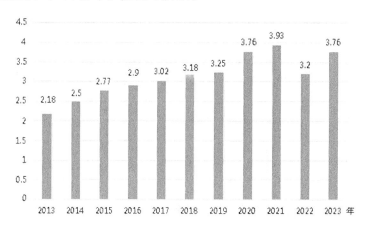

图 4　全国供销社系统 2013 年至 2023 年基层社数量（单位：万个）

数据来源：中华全国供销合作总社网站。①

① 2013 年以前中华全国供销合作总社网站未公布基层社统计数据。

在基层社建设方面，通过对现有基层社进行重组和优化，增强其服务能力和市场竞争力。各地供销合作社进行了富有创新性的探索和尝试，涌现出了诸多县乡村一体推进基层社改造机制，多种方式支持带动基层社建设，全国供销社系统采取盘活资产、项目扶持、企业带动等方式改造薄弱基层社。基层社的不断稳固，强化了供销合作社履行为农服务宗旨、做好为农服务工作的基础，增强了供销合作社为农服务的能力，拓宽了供销合作社为农服务的领域。

供销合作社与农民专业合作社融合发展。截至 2023 年年底，全国供销社系统组织农民兴办的各类专业合作社 184991 个，入社成员 1413.9 万人。其中，农民专业合作社联合社 10394 个。通过有机认证的农民专业合作社 3383 个，通过绿色认证的农民专业合作社 8156 个，通过无公害认证的农民专业合作社 18325 个。有产品注册商标的农民专业合作社 11707 个，有行政主管部门认定的品牌的农民专业合作社 4052 个。2012 年以来全国供销社系统领办农民专业合作社数量稳步增加，2023 年有所减少（见图 5）。

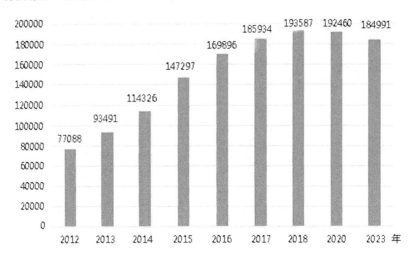

图 5　全国供销社系统 2012—2023 年领办农民专业合作社数量（单位：个）
数据来源：中华全国供销合作总社网站。①

2012 年至 2018 年，全国供销社系统领办农民专业合作社的入社成员数量稳步增加，从 2012 年的 1063.18 万户增加到了 2018 年的 1596 万户。2020 年和 2023

①　2021－2022 年中华全国供销合作总社未公布领办农民专业合作社数量。

年入社成员数量有所减少（见图6）。

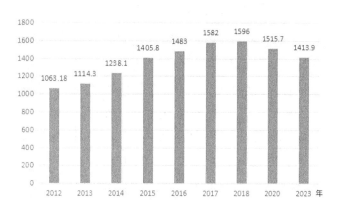

图6 全国供销社系统2012—2023年领办农民专业合作社入社成员数量（单位：户）

农村综合服务社也是供销社系统内重要的基层组织形式，2010年以来，农村综合服务社功能更加健全。供销合作社通过加快设施改造、优化服务环境，逐步充实农产品收购、代理代办、快递收发等服务内容，农村综合服务社发展到46.9万家，为农民群众提供周到便捷的多样化服务。全国供销社系统2010－2021年农村综合服务社数量如图7所示。

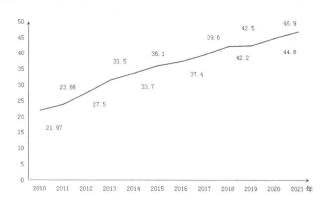

图7 全国供销社系统2010—2021年农村综合服务社数量（单位：万家）

（四）社有企业队伍不断壮大

截至 2023 年年底，全国供销社系统共有各类法人企业 26110 个（不含基层社），其中，省社所属企业 1711 个，省辖市社所属企业 2731 个，县社所属企业 19352 个；全资企业 9753 个，控股企业 3067 个，参股企业 4055 个，开放办社吸纳的有业务指导但无资产关系的企业 9235 个。全国供销社系统连锁企业 6118 个，拥有配送中心 8037 个，发展连锁、配送网点 68 万个。全国供销社系统有各级政府和省以上有关部门认定的农业产业化龙头企业 2400 个，其中，省部级及以上认定的农业产业化龙头企业 1232 个。全国供销社系统有行政主管部门认定的品牌的企业 1874 个。2012—2023 年，全国供销社系统社有企业从 17346 个增加到了 26110 个（见图 8）。

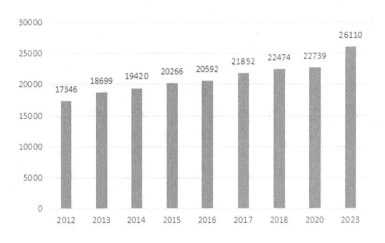

图 8　全国供销社系统 2012—2023 年社有企业数量（单位：个）

（五）创新发展趋势明显

截至 2023 年年底，供销合作社系统涌现出很多有特色、有活力的创新性综合改革模式，各地供销合作社创新发展具体情况如表 2 所示。可以从中抽象出五个具有鲜明特色的关键词。一是"融合发展"，包括村级股份合作社与基层供销合作社的融合发展，村级股份合作社、农民专业合作社与基层供销社的融合发展，农民专业合作社与基层供销社的融合发展，农村信用合作社、供销合作社、农民专业合作社的融合发展，都在谋求"合作的融合"，通过各类合作社之间的资源共享和整合，最大化地利用土地、资金、技术和人力资源，提高资源利用效率。多种合作社的联合能够形成规模效应，提升产品在市场上的竞争力和影响力。二是"全要素合作"，在合作社的发展过程中，充分整合和利用各种生产要素，包括土地、劳动力、资本、技术、信息、企业家才能等，通过系统化和综合化的合作，提升整体生产力和竞争力。今日的供销合作社已打破劳动要素"人合"的合作框架，向全要素合作转化，特别是企业家才能要素对其他要素的组织和整合，在供销社系统中的作用体现得更充分、更直接。三是"数字化"，在互联网技术的助力下，供销社系统各项改革都有数字化思维和举措贯穿其中，紧跟时代发展步伐，以最便捷、最有效的方式为农服务。四是"一体化平台"，各地供销合作社都在组建各类平台，有城乡融合发展平台、社会化服务平台等。例如，湖北衡阳供销社，通过组建城乡建设集团公司，将市、县、乡、村各级供销社纳入该平台，实现资源共享、信息共享、统一协调、共同发展。五是"供销＋金融"，将金融服务融入供销合作社的经营模式中，通过金融支持和供销合作的结合，帮助农民和合作社解决资金问题，提高生产效率，增加农民收入，推动农村经济发展。这种模式不仅提供传统的农资供应和农产品销售服务，还包括贷款、保险、支付结算等多种金融服务。这种模式依赖于金融产品创新、金融服务平台建立、金融合作加强、金融知识培训、政策支持和风险控制机制建设等具体措施，有助于推动农业现代化和农村经济发展。

表 2　各地区供销合作社重点发展的业务与特色

省份	重点发展的业务与特色
北京	强抓主责主业，打造"农资＋"模式
上海	聚焦社区商业，推动城乡发展
重庆	农民专业合作社、供销合作社、农村信用合作社的"三社融合"
河北	依托数字化构建省、市、县、乡、村五级为农服务综合平台
山东	土地托管，合作金融
安徽	村级股份经济合作社与基层供销社"双社融合"发展
江苏	多链融合，拓宽"数字供销"
浙江	"三位一体"改革，壮大和完善农合联组织体系
福建	邮供驿站、供销易贷、村社共建
广东	农资农技服务网络建设

省份	重点发展的业务与特色
广西	打造供销大联盟
黑龙江	乡村振兴运营平台
吉林	土地托管联盟，三级物流体系，金融＋合作社
辽宁	"四个体系"建设，包括开放化组织体系、终端化服务体系、品牌化流通体系、智慧化供销体系
四川	基层供销社、村股份经济合作社、农民专业合作社"三社融合"
湖南	打造城乡运营平台，促进城乡融合发展
湖北	以"链式思维"推进"九大商"建设
河南	城乡融合共同富裕先行试验区
江西	打造全省城乡冷链物流骨干网，推进"供销＋金融"综合服务试点

数据来源：根据各地区供销合作社网站发布的新闻和调研整理而得。

二、供销合作社发展中存在的问题

（一）需要加强对供销合作社本质的认识

供销合作社在体制上有其特殊性，县级及以上供销合作社实行参公管理，县级以下供销合作社多属于经济组织，总体来说，供销合作社是党领导下的为农服务的综合性合作经济组织。但是各地供销社发展特点不尽相同，没有任何经验和方法可以直接复制，也没有任何模式可以在全国直接推行。有些供销合作社对自身的认识仅限于财务报表、主营业务上，没有深入分析自身所处的政治、经济、文化、社会环境，没有挖掘出供销合作社所面临的机遇。一些地区在学习各地供销合作社发展经验后，感觉对自身发展能起到借鉴意义的很少，根本原因在于对供销合作社自身认识不清晰、不深刻。

有些供销合作社认为，发展不起来的主要原因在于体制不灵活、职能界定不清晰、政府给予的资源太少、受重视程度不够等。这些都是没有深刻认识自身特征的表现。它们将负面事件的原因更多地归于外因，而对自身的本质属性、资源禀赋、激励机制、约束机制、创新意识、发展机遇、计划规划等没有深入思考，造成机遇识别能力不高、开拓创新不够、发展动力不足等问题。

（二）需要怀有为农服务情怀的企业家精神

企业家精神是一种重要的经济要素。供销合作社属于经济组织，需要具有将劳动、土地、资本、技术、信息等资源进行整合、规划的企业家精神的引领。合作与竞争并存，在资源稀缺的前提下，合作不能完全取代竞争。企业家精神是供销合作社获得竞争优势、提高竞争效率的关键要素，而且供销合作社企业家精神必须具有为农服务的情怀，坚持为农服务的供销合作社宗旨。

供销社系统存在企业家精神不足的现象。有的供销合作社行政体制僵化、创新活力不足、对市场需求反应速度慢、风险承担能力弱；有的供销社领导人不愿承担风险、不敢承担风险，偏好于低风险、较为安稳的工作状态；有的供销合作社偏向于向政府要项目、等项目，不愿主动寻找市场商机，在满足市场需求中寻求发展。

（三）需要明确的供销合作社条例指引

2015年"中央一号文件"明确提出"抓紧制定供销合作社条例"。供销合作社系统组织体系庞大，目前没有针对性的相关条例进行规范。供销合作社不适用于《中华人民共和国农民专业合作社法》①，也不完全适用于《中华人民共和国公司法》②，在有些地区将供销合作社归于社团组织。目前，各地区供销合作社都在寻求突破，有些地方作出了大胆的尝试，但同时也冒着较大风险。除了经营风险外，最大的风险是政策风险。本着"法无禁止则可为"的底线思维，进行了开拓创新，但是政策的不确定性就像是悬在供销社头上的达摩克利斯之剑，不知会给供销合作社的创新做出怎样的回应。这对供销合作社的进一步发展造成了极大的阻碍。

---

① 供销合作社领办的农民专业合作社适用于《中华人民共和国农民专业合作社法》。
② 供销合作社部分社有企业采用公司制，适用于《中华人民共和国公司法》。

三、促进供销合作社深化综合改革的对策建议

（一）深入认识供销合作社本质特征

供销合作社的优势除了具有完整的体系外，更重要的是可以同时采用政策手段和经济手段。一直以来，供销合作社半公半商的性质遭到质疑，多地供销合作社的实践表明，供销合作社现有体制恰恰是其最大的优势所在。政策手段不是对社有企业运营乱加干预，而是让公司更好地贯彻落实党和国家的政策，更好地纠正市场失灵所引发的问题，更好地为农服务。经济手段也不只是为盈利，而是要利用市场机制提高资源经营效率，防止行政命令导致公司经营僵化。

供销合作社肩负着党和国家的使命，行使着不同于其他市场主体的职能。首先，供销合作社可以通过公司化运营以政策性经济手段对抗市场失灵。以往政府在解决农用物资质量难以甄别、市场价格波动过大、市场信号传递时滞等市场失灵问题时，多采用政策手段。例如，加强产品质量监督检验、限制市场价格等，这些政策措施由于监督成本或者影响面过大，实施效果并不理想。供销合作社通过运营公司在政策指导下向农户提供高质量农用物资，并且限价销售，直接以经济手段解决市场失灵问题，成本更低、效果更好，实现了政策手段与经济手段的有机结合。

（二）大力培养、吸纳有为农服务情怀企业家精神的供销社人才

人才是供销合作社发展的关键。怀有为农服务情怀的企业家精神是供销合作社创新发展的发动机，是供销合作社坚持为农服务宗旨的保障。我国农村正经历着劳动力向城镇转移的大变革，经济社会发展正迈入信息化发展的快车道，传统的"人合"合作模式已不能满足生产力发展的需要，供销合作社需要从"人合"向"全要素合作"的突破。为新时代中国式合作经济发展提出了新模式、新参考。全要素合作是指劳动、资本、土地、企业家精神、技术、信息六大要素的"共有""共管""共享"。农村发展不仅仅需要将农民组织起来，更需要有企业家带领，在现代信息化平台下，将劳动、资本、土地等资源进行整合，共同满足市场需要，这样的组织

化才更有市场竞争力、更有生命力，才能实现可持续发展，这样的合作才更符合中国式现代化发展的需要。

（三）尽快出台供销合作社条例

出台供销合作社条例是多方期盼的大事，是在供销合作社攻坚克难阶段的强心剂。供销合作社条例要紧扣为农服务宗旨，对社会、系统内部热切关注的问题给予回应，对关系到供销合作社发展的重大争议问题给出明确解答。不能让已有的创新火种熄灭，也不能让不规范现象蔓延；不能让供销社展现出的活力减退，也不能让违规行为扩大范围；不能让组织体系优势消失，也不能让供销社系统僵化；不能让供销社丢掉传统优势，也不能让供销合作社保守不前。

第二部分　供销合作社综合改革与新型农村集体经济发展专题研究

自 1954 年成立以来，供销合作社长期致力于农村经济发展。作为为农服务的组织，供销社承担着农产品流通、农村物资供应和农业生产服务等多项职能。同时，通过建立农民合作社和专业合作组织，引导农民抱团发展，提升农民在市场中的话语权。供销社还助推农村金融发展，通过建立信用合作社和农村金融服务站，解决了农民的融资难题。但随着国内外环境的变化，供销社必须立足于实际，通过改革以提升其在国内外市场中的竞争力。在农业现代化持续推进的今天，供销社对于新技术、信息化管理和产业化经营在农业方面的应用明显存在着不足。而城乡差距大、农民收入偏低也制约着乡村振兴和农业现代化，供销社的持续深化改革对翻开"三农"新篇章具有重大意义。在新的历史重担下，供销社坚持党的方针政策，持续深入推进综合改革，聚焦农业、农村和农民发展，为实现乡村振兴和农业现代化贡献着自己的力量。

一、供销合作社综合改革的新发展

（一）新政策

历年来"中央一号文件"一直作为"三农"工作的指针，供销社系统也依据该文件进行相应的工作部署与安排。2022 年的"中央一号文件"指出，支持基层供销合作社提升为农服务水平，发展订单农业、托管服务、加工物流等以保障重要农产品供给和粮食生产。支持供销合作社建设县域流通网络并发展县域采集配送中心以促进乡村产业振兴。2023 年，"中央一号文件"表明，坚持为农服务和社企分开、政事分开，持续深化改革以促进农民多渠道增收。2024 年，中共中央、国务院发布了《关于学习运用"千村示范、万村整治"工程经验有力有效推进乡村全面振兴的意见》，该文件表明，进一步提升供销合作社在农业服务中的专业化水平，推动供销社在乡村振兴中发挥重要作用。近三年的"中央一号文件"围绕着乡村振兴和农业现代化的主题，释放出供销社需持续深化改革、不断完善为农服务能力、巩固脱贫攻坚成果等以推进我国农业迈向高质量发展新阶段的信号。供销合作总社积极响应党和国家的号召，落实好相应的"三农"政策。2024 年 1 月，总社联合 8 部门出台了《关于加快推进农村客货邮融合发展的指导意见》，强调推进农村客货邮融合发展以满足农民寄递、货运、出行等基本服务需求。2024 年 3 月，总社办公厅出台了《关于全力做好 2024 年春耕农资供应工作的通知》，安排了春耕农资调运采购、"绿色农资"升级行动、农资网络体系完善、农资储备、农资质量和价格管理等工作，全力做好夏粮丰收保障工作。在 2024 年 4 月，总社等 7 部门关于印发《2024 年全国农资打假和监管工作要点》的通知，严格整治不合格产品，对假冒伪劣农资进行严厉打击，维护农资市场的正常秩序并维护农民的合法权益，保障国家粮食安全。

目前，在我国政府和相关政策的扶持之下，中国供销社综合改革一直聚焦于乡村振兴和农业现代化，旨在在农业社会化服务和农村经济发展中发挥供销力量。近年来，中央政府和地方政府都加大了对供销合作社的政策扶持，比如财政补贴、项目补贴、示范社补贴等。供销社从原来单一的产品流通功能发展为现在集农产品加工、农资供应、农产品销售、金融支持、农业咨询于一体的农业综合性服务组织。在电子商务和移动支付普及的过程中，供销社也积极融入时代洪流之中，建设农产品电子商务平台，发展田间直销、主播带货、社区团购等多模式助推农产品销售，打通从产地到销地的中间环节，降低农产品成本。而今天，随着人工智能、物联网、云计算等新技术的迅速发展，供销社也在积极推进数字化转型，提升供销社在生产服务、农产品流通和为民服务等方面的精准度和效率。基层供销社也正积极地进行自主改革和创新，探索符合实际的改革路径。同时，供销合作社加强与龙头企业、农民专业合作社、农业大户之间的合作，探索农业发展新模式，共同提升农村经济的综合效益。

（二）新目标

2024年，供销合作社将继续坚持党对"三农"工作的领导，对"千万工程"经验学以致用，围绕国家粮食安全、扩大内需、促进县域城乡融合发展、增强核心竞争力和为农服务实力等目标，部署供销系统的各项重点工作任务，加速乡村产业发展、建设美丽宜居新农村、提升乡村治理能力、强化农民增收举措，以农业农村现代化助推中国式现代化的建设。

围绕服务保障国家粮食安全，构建供销合作社现代农业服务体系。一是保障农资供应。建立涵盖大型农资生产、流通企业的全国农资保供平台，做好重要时节的农资储备调运和市场供应等工作。持续推进试点工作，实施"绿色农资"升级行动，认真落实《全国供销合作社农资网络体系建设专项规划（2024—2028年）》，健全农资经营网络，完善重要节点和粮食主产区农资仓储设施。二是推动农业社会化服务提质扩面。加快补齐集中育秧、烘干仓储等服务短板，适宜的地方积极进行数字化、智慧化等模式转型。支持省级社依托社有农资企业或组建专门农服工作，整合系统内外服务资源，打造区域性为农服务平台。三是做好粮油和棉花购销工作。鼓励社有粮油企业在粮食主产区和粤港澳大湾区等主销区，布局建设一批现代化粮食仓储设施。深入实施"质量兴棉"升级行动，提高社有棉花企业稳健经营能力。

围绕扩大内需，不断提升供销合作社现代流通服务水平。一是完善流通网络。到2025年基本实现流通企业的数字化转型，新业态、新模式取得一定的发展。在农村建设一批双向畅通的现代商贸网络、产地冷链网络、物流网络。二是培育流通主体。推动系统流通企业跨区域跨层级联合合作，培育一批具有行业影响力的流通骨干企业。支持流通骨干企业下沉渠道，赋能县域流通网络，建设县域商业体系。三是创新流通业态。到2027年，农村客货邮融合发展在先行试验区全覆盖，农村客货邮合作路线的数量达两条以上，县乡村三级客货邮站点数量达10万个以上，形成全面、高效、集约的运输服务新模式。四是巩固脱贫攻坚成果。做好援疆援藏的对口支援工作，做好消费帮扶、产业帮扶、科教帮扶等帮扶活动。切实以"832平台"做为媒介，促进贫困地区农副产品消费，增加贫困人民的收入来源。做好2024年脱贫地区农副产品对接会，拓宽贫困地区农副产品的销售渠道。

围绕促进县域城乡融合发展，加快提升供销合作社基层组织服务能力。建立县域统筹，以县城为中心、以乡镇为重点、以村为基础的农村商业体系。截至 2025 年，农村末端配送网点和服务站点基本覆盖，在全国范围内"领跑县"的数量达到 500 个左右。在全国，九成以上的县达到以上基本功能或发展更好，部分地区可先一步实现村村通快递。农村和县域、城市的双向连接渠道畅通，满足农民对于美好生活的需要，打通乡村产业振兴的流通渠道。

围绕增强核心竞争力和为农服务实力，持续深化社有企业改革。一是完善市场化经营机制。革新国企三项制度，鼓励有条件的企业探索实施经营者持股等中长期激励，紧密相连经营者和企业利益，激励管理层的积极性。二是健全社有企业内控机制。事先明确责权划分，防范化解重大风险，执行"三重一大"经集体讨论决定，健全内控体系，有效防范各类风险隐患。

（三）新任务

1. 构建供销合作社现代农业服务体系

一是全力做好农资供应。建立健全农资库存管理制度，保持合理的库存水平，防止因库存不足所导致的供应短缺。优化农资供应链管理，确保农资供应渠道畅通以保障农资产品的稳定供应。在农业生产重点区增设农资供应网点，方便农民快捷地购买到所需农资。推广农资电子商务平台，提供线上购买服务、线下配送服务，服务于农民的生产作业。对假冒伪劣产品进行严厉打击，改善农资市场营商环境，推进农资市场秩序的良好运营。实时监控农资产品价格，防止恶意囤积、哄抬价格等扰乱市场秩序的行为出现，确保农资价格在正常市价范围内波动。加强农资产品的质量检测，确保市场流通的农资产品符合国家质量标准。为帮助农民科学合理地使用农资产品，通过提供农资使用技术指导和咨询服务，提升农资使用效率。及时解决各种突发性问题和农资售后问题以提升农民的满意度。鼓励使用环保型农资产品代替传统农资，减少对生态系统的破坏，推进农业向绿色型、友好型转变。鼓励农资企业采取可持续发展的方式，推动社会向环境友好型社会转型。面对天灾、突发性公众事件，制定农资供应应急预案，提高应对突发情况的能力，保障农业生产的连续性和稳定性。

二是推动农业社会化服务提质扩面。建设农产品加工基地，提供加工设施和技术支持，促进农业三产融合，整合产业链上下游资源。开展农产品加工培训与交流会，提升农民工作技能和操作熟练度。强化与金融机构的合作，建设农村金融服务站点，发展理财、保险、贷款等农村金融产品。对贷款审批流程进行规范化、精简化，解决农民的资金难题，满足农民的资金需求。除了不断优化基础为农服务能力，供销社还将不断提升综合农业服务能力以构建美丽、生态、宜居的新农村。与科研机构合作，引进和推广先进农业技术，组织农民和农业从业人员定期开展培训学习。培养一批具有过硬农技知识的人员，提供专业的技术咨询服务，促进农民技术水平和生产效率的提高。加快补齐集中育秧、烘干仓储等服务短板，适宜的地方积极进行供销合作社的数字化、智慧化转型。发展田间直销、主播带货、社区团购等多业态，利用新技术和媒体传播力，打破信息差，推广优质农产品及农副产品。在系统内部开发和应用农业生产管理软件，提升管理效率。利用大数据分析，精准定位用户画像，提高决策的精准度和效率。加强应急灾害服务，形成储备物资和迅速的响应机制，以应对自然灾害和重大突发公共事件的发生。组织应急演练，提高应急响应能力，提升供销合作社在灾害应急中的反应能力和服务水平。提供灾后支持以帮助农民尽快恢复正常的生产和生活。

三是做好粮油贸易和棉花购销工作。加大对粮油库存的管理力度，以确保在重要的节日和关键的农季有稳定的市场供应。为了增强对自然灾害和市场波动的应对能力，应完善粮油供应的紧急预案。在从购买、储藏到销售的每一个步骤中，都要严格遵守粮油的质量准则，确保提供高品质且安全的粮油。在市场中大力宣传高品质的粮油品牌，以增强消费者的信赖度。为了确保产品的新鲜度和质量，应提高仓储和物流设备的现代化程度，增强粮油的冷链运输能力，并在运输过程中减少损耗，从而促进粮油供应链的高效运行。为了拓展二三线城市和农村市场，可利用电子商务平台接入线下流量，并整合线上的便利操作和采购流程，以扩大市场的覆盖范围来提高粮油的销售量。致力于推广订单农业模式，并为农民提供种植技术和市场信息服务。通过与农民建立长期稳定的合作关系，不仅确保了农民的收入，还帮助他们提高了粮油作物的产量和品质。在进行棉花购销活动时，要确保有足够的棉花收购资金，并及时支付给棉农货款，以保护棉农的利益。当收购所需的资金短缺时，可以通过金融机构给予贷款和信贷援助，来缓解资金的紧张状况。制定并实施一致的棉花收购准则，对收购过程进行规范化，以确保收购棉花的品质。为了维护棉农的权益并避免出现压级和压价的情况，应促使整个收购过程都是透明和公开的。对棉花加工设备进行投资和升级，普及先进的棉花处理技术，以提升加工的效率和最终产品的质量。推进棉花的深度加工行业，延伸其产业链条，从而增加产品的附加价值。为了促进棉花产业与纺织、服装等其他产业的深度融合，应加快产业的整合步伐，从而形成一个产业聚集区。在全球市场中，扩大棉花产品的出口量，从而增加其在国际市场的份额。深化与国际棉花贸易组织及各大企业的合作与交流，吸取前沿的经验与技术，并在相互学习的过程中持续取得进步。

2. 提升供销合作社现代流通服务水平

一是完善流通网络。推动农产品电子商务平台的建设，丰富产品品类、拓展业务板块、优化用户体验及提升用户沉浸式购物乐趣。完善农产品流通体系，尤其是县域配送中心和农村末级服务站点的建设，促进县域多模式流通业态发展，使农村用户和城市居民拥有一样便捷的购物体验。不断优化物流配送网络，在农业生产重点区域和农产品集散地增设流通网点，完善覆盖城乡的流通网络。建设区域性农产品物流中心，提升农产品集散和流通效率，减少流通成本。优化农产品运输网络，合理规划运输路线，提升运输能力和效率，确保农产品能够迅速、安全地送达市场。构建全程冷链物流体系，配备冷链运输和储存设备，对有需要的农产品从产地到销地实现全程温控，确保易腐农产品在流通中的新鲜度。利用大数据和物联网技术进行市场需求分析和预测，建设农产品流通信息平台，实现信息的实时互联互通，优化供应链管理并提升流通网络的智能化水平。推广使用环保包装材料，减少流通中对环境的污染。在流通环节推行节能减排措施，推动绿色物流发展。

二是培育流通主体。培育和发展一批具有示范性作用的龙头流通企业，打造国际性的港务园区或现代化产业园区，扶持其稳步发展。出台相应的扶持政策，鼓励小规模流通企业的发展，促进流通业态的多元化格局。推动农民合作社的规范化、专业化发展，增强其市场话语权和流通能力。积极发展电子商务，构建农产品交易的多元化渠道，线下的流量结合线上的便捷性，增强用户黏性。利用大数据和人工智能优化供应链管理，促进流通企业的信息化程度，提高流通效率。建立健全质量追溯体系，确保农产品质量安全，增强消费者信任。在有条件的地区推广订单农业，建立稳定的产销关系，缩短供应链，提高流通效率。采用社区团购、产地直销模式，形成消费者和供应商的直接对接，减少中间商对利润的层层盘剥。加强区域间的合作，优化农产品的区域调度和市场配置，平衡区域供需。

三是创新流通业态。支持并鼓励农村客车、货车、邮政快递融合发展，打造多元化发展的末端配送体系，满足农民多样化的流通需求。发展社区团购模式，通过社区团长组织社区居民集体采购，实现农产品的快速销售和配送。建设智慧社区服务平台，将线上的多元化选择和线下的沉浸式体验相融合，满足社区居民对于美好生活的需求。结合实体店和电商平台的优势积极探索新零售模式，提供全渠道购物体验。探索无人零售店、自助售货机等创新零售模式，提高流通效率和消费者便利性。利用直播平台推广农产品，增强消费者对农产品的认知和信任，促进销售增长。培养和引入农业领域的网红主播，通过直播互动提升产品曝光率和市场影响力。打造生态旅游业，用优质的自然风光和特色的人文体验吸引城市居民走进农村，体验农事、采摘、非遗手艺等活动，促进农产品的现场销售和农村经济发展。打造乡村旅游品牌，结合当地特色农产品，形成品牌效应，吸引更多游客并促进当地经济的长期发展。通过线下体验店和农场开放日等活动，让消费者亲身体验农产品的生产过程，增强产品信任度和购买欲望。与餐饮、文旅等行业进行跨界合作，打造特色农产品组合，提升附加值和市场吸引力。

四是巩固脱贫攻坚成果。加强县域配送中心的建设，完善农村末端物流网点的建设，畅通农产品进城、工业品入乡的双向流通体系。加快农村信息化建设，推广互联网的普及和信息化程度，增强农村地区的市场信息获取能力。继续扶持贫困地区发展特色产业，增强贫困地区经济的内生性动力。在贫困地区，依据地方特色发展第一产业加工业、旅游业，以多元化的业态来发展农村经济、提高农民收入。打造具有地理标志的农产品，增强市场影响力和消费者认知度。建设和完善农村电商平台，帮助贫困地区农产品实现线上销售。对贫困地区农民进行电商技能培训，提高其电商运营能力和网络销售水平。持续跟踪贫困农民，防止因自然灾害、重大疾病、慢性疾病等导致其继续返贫，并给予其适当的帮助。积极推进大学生返乡进入基层医疗卫生服务站项目，改善农村医疗条件。加强对援疆援藏工作的支持，改善边疆地区人民的生活。将先进的农业技术应用到农业建设中，建设高标准农田，促进单位化农田的产量增收。进一步推广农业保险，确保农民在面对自然灾害或异常市场价格波动时的正常收入。

3. 提升供销合作社基层组织服务能力

一是增强县级社统筹运营资源能力。实施县级供销合作社的资源整合和运营规划，明确资源整合的方向和目标。建设县域内的资源共享平台，实现资源信息的互联互通和高效利用。建立完善的农资供应体系，确保农民及时获得高质量的农资产品。提供农业技术指导和培训，帮助农民提高生产技术和管理水平。打造县域特色农产品品牌，开展品牌宣传和市场推广，让特色农副产品走出去。定期开展农副产品交流会、推荐会等活动，促进县域农产品与市场的有效对接。支持县域内农产品加工企业的发展，打造一批具有标杆性质的龙头企业。加强龙头加工企业和农民之间的交流合作，减少中间成本，实现双方的合作共赢。推进相关企业和运营平台的数字化转型，基于大数据和云计算提高决策的精准度和有效性。推广智能农业技术和设备，提高农业生产的精细化和现代化水平。推动县域内供销合作社之间的合作交流，分享经验，互相借鉴，提升整体运营水平。与科研院所、高校和企业合作，获取先进技术和管理经验，推动县级社的创新。

二是实施"千县千社质量提升行动"。利用大数据技术进行市场需求和消费趋势预测，提供精准的农资供应计划和农产品销售服务，解决供需不匹配的矛盾。构建并完善全国供销合作社数字化服务平台，实现全国各地供销系统互联互通、数据共享。建立供销合作社大数据中心，整合各类业务数据，进行数据分析和应用，辅助决策和运营。开发涵盖采购、库存、销售、物流等各环节的智能管理系统，提高供销系统的管理效率和精确度。为确保供销系统和平台的数据安全与用户隐私保护，建立健全数据安全保障体系。完善信息监管机制，确保数字化业务的正常运营和信息安全。拓展供销合作社电子商务线上交易品类及服务内容的功能以提升用户体验，形成"互联网＋供销"的新模式。开发农业技术服务平台，为农民提供在线技术咨询、远程指导等服务，提升农业生产效率。开展数字化农业技术和信息化管理的培训，提高基层供销人员的信息化应用能力。

4. 持续深化社有企业改革

一是加快完善市场化经营机制。对社有企业进行市场化改革，革新国企三项制度，引入现代企业管理制度，提升管理效率和效益。持续深化混合所有制改革，形成多元化的资本格局，进一步优化股权配置。鼓励有条件的企业探索实施经营者持股等中长期激励，紧密相连经营者和企业双方的利益。开展市场调研，了解市场需求，优化业务布局，提升市场占有率。引进新技术和新模式，创新业务品种和服务内容，满足农民和市场需求。加强技术研发，提升农产品生产、加工、储存和物流的科技含量。推广智慧农业技术和设备，提升农业生产的效率和效益。加强全过程、全方位风险控制机制建立，提前形成风险预案和响应机制，化解重大市场风险。推广农业保险和企业财产保险，降低经营风险和生产风险。加强与上下游企业的合作，形成完整的产业链，提高竞争力。推进区域间的合作，互通有无，资源共享，共同发展。

二是健全社有企业内控机制。制定标准化管理流程，规范业务操作流程，事先明晰责权划分，确保内控机制的有效性。在企业内部实施全面预算管理，加强财务计划审核和资金使用管理，明确大额资金的流向。定期进行风险评估与识别，建立风险预警机制，提前形成风险处理预案。为防范各种不合规财务活动的出现，要定期开展内部审计，处理类似问题。持续跟进、反馈内审后续处理，监督后续整改进程，确保财务工作的正常进行。建立风险防控机制，使得企业各项业务、程序符合相关法律的规定。加强合同制定、合同签订、合同履行等管理，防止合同纠纷和法律纠纷的出现。

三是实施"骨干龙头企业培育行动"。培育一批具有良好经营状况、发展潜力和市场影响力的标杆企业，打造工业园区或示范性园区，形成规模经济，为小规模企业提供发展样本。政府提供补贴政策、低息贷款和融资担保等政策支持，给予企业良好的营商环境并帮助企业扩大生产规模。落实税收优惠政策，减轻企业税负，增强企业的盈利能力和再投资能力。鼓励企业设立研发中心和技术实验室，增加科研支出在总支出中的比重，推动新技术的发展。加强科研院所、高校和企业之间的深入合作，形成产学研机制，促进科研成果的转化和落地。支持企业建立有影响力的自有品牌并加强品牌保护，不断完善品牌管理制度，防止品牌侵权和假冒伪劣现象的出现。组织企业参加国内外会展并积极与参会单位进行交流，最终将学习到的前沿技术和理念在自有企业中实践。

四是提高社资社企监管水平。制定和完善社资社企监管制度，明确监管职责和流程，保障监管工作的清晰化、透明化。推行标准化的监管流程，提升监管工作的规范性和一致性。建立透明的财务报告制度，确保财务信息的及时、准确披露。规范大额资金的合理和规范使用，防止资金挪用和贪污腐败情况的出现。建设和完善信息化监管平台，实现数据的实时监控和分析。通过大数据技术，提升数据分析能力，加强对关键业务数据的监控和预警。建立科学合理的绩效考核体系，对社资社企的经营成果进行综合考评。根据绩效考核结果，实施奖惩措施，激励企业和员工提高工作效率和质量。建立多元化的激励机制，激发员工的积极性和创造力，增强企业活力。制定绿色发展指标，对企业的节能减排和环保工作进行考核，推动绿色发展。定期检查社资社企的环保合规情况，确保各项生产经营活动符合环保要求。对跨国合作项目进行监管，确保合作的合法性和规范性，提升国际化经营水平。

二、供销合作社综合改革的新成效

（一）推进高质量发展，建设供销社新篇章

2023 年，我国的国内生产总值达 126.1 万亿元，其中第一产业增加值 89755 亿元，增长了 4.1％。自 2018 年以来，第一产业增加值从 64745 亿元增至 89755 亿元，年均增加 5002 亿元。我国农业增加值连年稳定增长，供销系统也在其中贡献了自己的力量。2023 年，供销总社相继出台了加强基层社建设、加强农资经营网络体系建设、持续深化综合改革加快高质量发展、做好"土特产"文章促进产业振兴等指导意见，明确其高质量发展的重点。此外，总社召开基层组织建设暨农业社会化服务、农资网络体系建设暨"绿色农资"升级行动试点、持续深化综合改革加快高质量发展等三个现场推进会。

（二）服务乡村振兴，发挥供销社特有优势

2023 年，我国的粮食播种面积达 17.85 亿亩，相比于 2022 年增加了 955 万亩，增幅为 0.5％。我国的亩产产量为 389.7 公斤，每亩产量相比之前增加了 2.9 公斤，增幅为 0.7％。粮食总产量 6954 亿公斤，增加了 89 亿公斤，增幅为 1.3％。玉米和大豆增幅较大，比上年分别增产 4.2％和 2.8％。我国在保障国家粮食安全、农资供应方面开展了大量的工作。全国供销社系统分层级公布农资保供重点企业名单，在春耕、三夏、秋冬种等重要时节有序投放 1000 多万吨国家和省级商业储备肥，保障了正常的农业生产用肥。健全农资网络，出台农资网络体系建设规划。全国 31 个省级社组织开展"绿色农资"升级行动试点工作，提升农资的绿色化转型。推动有关省级社恢复发展农资龙头企业。

2023 年全国新建和改造提升高标准农田 8611 万亩，建成高效节水灌溉 2462 万亩。全年化肥产量（100％折纯）5714 万吨，增长 5.0％。化肥农药施用持续减量增效，农膜处置率、秸秆综合利用率、畜禽粪污综合利用率分别超过 80％、88％和

78％。新认证登记绿色、有机和名特优新农产品 1.5 万个，全国农产品质量安全监测总体合格率达 97.8％。我国农村地区在 2023 年年底互联网普及率达到 66.5％。为全面提升农业社会化服务水平，推进农业现代化体系构建，土地托管、节水灌溉、测土配方施肥、智慧农业等社会化服务在各基层社有序开展，全面促进农业高质量发展和农民收入提高。建设宜居、宜业、美丽乡村，整治农村人居环境。截至目前，参与环卫清运网络和再生资源回收利用网络"两网融合"工程的市级社有 119 个、县级社有 1383 个。全国供销社系统年回收农地膜超过 70 万吨，回收农药包装废弃物近 9 亿件。

乡村振兴财政资金补助中被用于支持产业发展的比重已达 60％，每年的脱贫劳动力人数在 3000 万人以上。2023 年的脱贫人数为 3396.9 万人，脱贫地区农村居民的人均可支配收入为 16396 元。为进一步巩固脱贫攻坚成果，开展多种方式的帮扶。脱贫地区农副产品对接会在供销系统的支持下如期举行，"832 平台"整年的交易额为 169.9 亿元，累计交易额突破 510 亿元，帮助 320 多万农户巩固脱贫成果。健全全国供销社系统对口援疆援藏工作机制，促进新疆、西藏特色产业发展。各对口支援省社制订年度帮扶计划，开展产销对接、科技帮扶等工作。供销总社召开供销合作社系统对口援疆协作暨产销对接会，2023 年全国供销社系统销售新疆干鲜果品近 130 万吨。总社举办 2023 年新疆棉花产业发展论坛暨新疆棉花产销对接会以促进新疆棉销售。

2023 年，农村居民人均消费支出为 18175 元，相比上年增长了 9.2％。我国乡村消费品零售额 64005 亿元，农村网络零售额 2.49 万亿元。2018－2023 年，我国社会消费品零售总额中县乡消费品零售额（包含镇区和乡村地区）的比重从 34.3％增至 38.4％，农民的月均收入从 3721 元增至 4780 元。农村消费增速快于全国平均水平，农民生活也在持续改善。为进一步发展农产品加工流通，带动农民增收致富，围绕做好"土特产"文章，全国供销社系统引导农民发展生产基地，在产品产地开展初加工，促进三产融合，并累计发展农业产业化龙头企业 2300 多家。建设供销社农产品冷链物流体系工程，指导七个片区分别召开会商联席会议，构建各具特色的省域网、区域网。

（三）持续深化综合改革，增强供销社内生动力

2023 年，中华全国供销合作总社制定了综合改革重点工作任务书，推动全国供销社系统聚焦重点任务，持续攻坚克难，推动供销社高质量发展。总社直属科研所和有关企业积极参与"十四五"国家重点研发计划专项，归口管理的国家标准、行业标准、团体标准总量突破 600 项，主管社团创新服务、带动农产品销售近 100 亿元。总社累计安排合作发展基金 1.06 亿元，扶持基层社改造建设以巩固基层基础。总社出台《社有企业投资监督管理办法》等社资社企监管制度，指导省级社建立出资人监管权力责任清单，推动县级以上社有企业完成公司制改制。目前全部省级社都组建了集团公司或投资运营平台。联合社的各项机制正在逐步规范化、完善化。

健全社员代表大会领导下的监事会、理事会的各项制度。

三、供销合作社推动新型农村集体经济发展的理论与实践

新时代供销合作社的改革和发展迎来历史性机遇。大力发展基层供销合作社体系、重塑新型集体经济、实现农民再组织化和再合作化，既是坚持以人民为中心的发展思想的实践必然，也符合全面建设社会主义现代化国家和经济社会高质量发展的现实需要（温铁军等，2023）。回顾中国共产党领导建立合作社的历史背景和重要特征，梳理供销合作社与合作社、集体经济之间互动发展的经验过程，明晰新发展阶段恢复基层供销合作社基本原因和方向目标（杨旭等，2023；温铁军等，2023）。发展壮大农村集体经济需要借助各类工商资本和部门资本，在这些不同的主体中，供销合作社是一支不可忽视的力量，供销合作社推动农村集体经济发展是政府推动、市场驱动和供销合作社与农村集体经济组织协同发展的结果（李敏等，2024；王军，2022）。这些研究论述了供销合作社与农村集体经济发展的紧密性，指出了以供销合作社服务壮大集体经济的背景，如乡村振兴、共同富裕、城乡融合等，但是，未阐明新型农村集体经济的特点，对供销合作社与新型农村集体经济间的关系论述不够清晰，未论证供销合作社推动新型农村集体经济发展的充分条件、必要条件以及充要条件。

（一）供销合作社在推动新型农村集体经济发展中的功能定位

供销合作社主要任务是开展为农服务，通过建立和完善农业社会化服务体系，把千家万户的分散经营与大市场连接起来，促进农村经济的发展和农民收入水平的提高（王军，2022）。供销合作社在农产品流通、农业社会化服务方面优势显著，农村集体经济在组织农民、调动村庄资源方面具有优势，两者可以相互补充（宋一平等，2024）。供销合作社具有独特的组织功能、流通功能和市场调控功能，可以更好地发挥供销合作社服务政府宏观调控、弥补市场失灵的作用（杨旭等，2023）。供销合作社是我国农村与市场连接的重要桥梁，基层供销社发挥组织功能，与农村集体经济组织实现关联共进（邹宝玲，2023）。学者们认同供销合作社的功能在随着时代发展而变化。新中国成立初期，供销合作社承担了城乡物资流通的重要角色；社会主义建设时期，供销合作社在重工业优先发展战略中发挥关键作用；改革开放后，供销合作社转型为推动农村商品流通体制改革的幕后英雄。乡村振兴战略为供销合作社服务"三农"提供了新的历史舞台。目前，供销合作社在推动新型农村集体经济发展中的功能定位还在探索，这些研究给出了较为宝贵的指引，但是，对于供销合作社的功能定位的分析缺少实证检验和有力的案例支撑，论证的理论深度需要加强；对新型农村集体经济发展存在问题的针对性不强，因此，对实践工作者的说服力度不够。没有阐明供销合作社功能定位的难点和矛盾，例如主营主业与创新融合间的矛盾、规模扩张与成本节约间的矛盾、社会化服务与政府职能委托间的矛盾等。

（二）供销合作社推动新型农村集体经济发展的路径

供销合作社助推村级集体经济的模式，根据实践经验可归纳为"业务合作""双社共建""双社融合"三种。在全国农村成立了新型农村集体经济组织的背景下，形成了供销合作社、农村集体经济组织、农民专业合作社"三社融合"发展模式，该模式在四川、重庆、安徽、江苏等省都已出现，一些成果对该模式也有介绍和研究。有些学者对各地村级供销社对发展新型农村集体经济的作用进行了研究，铜陵市村级供销社管理层激励机制对发展农村集体经济组织的积极促进作用逐渐显现。安徽省泗县供销合作社积极探索"党建引领，双社联动"和"土地股份合作，供销全域托管"的村级集体经济发展模式，把村供销合作社办成服务农民生产生活的综合平台，把农民从土地上解放出来。湖南衡阳供销合作社搭建城乡产业运营平台促农村集体经济发展。这些研究目前处于总结现实经验、介绍实践措施阶段，还没有将"双社融合""三社融合"发展提炼到理论高度，也就是没有形成可以指导实践的理论成果。经验总结也仅限于区域的点状总结，还没有对全国的实践分类、分层进行总结和归纳，未提炼出供销合作社推动新型农村集体经济发展的共性与特性。

（三）供销合作社推动新型农村集体经济发展的理论意义与实践意义

供销合作社是党领导下的为农服务的综合性合作经济组织。供销合作社的发展历程折射了中国经济的改革发展历程。在经济短缺时期，供销合作社担负了农产品全国供给保障，以及向农村供应工业品的重要责任。当前，我国经济已全面转入过剩，拉动内需促进国内国际双循环顺畅发展，促进城乡资源高效流动，壮大新型农村集体经济，挖掘农村广阔的市场潜能，成为经济社会发展的关键，供销合作社迎来了新的历史使命。

2016年，中共中央、国务院颁布《关于稳步推进农村集体产权制度改革的意见》，首次正式提出"新型农村集体经济"的概念。2017年，第十二届全国人大五次会议通过《民法总则》，赋予新型农村集体经济组织"特别法人"资格。2021年"中央一号文"件提出，要基本完成农村集体产权制度改革阶段性任务，发展壮大新型农村集体经济。2022年"中央一号文件"提出，巩固提升农村集体产权制度改革成果，探索新型农村集体经济发展路径。2023年"中央一号文件"再次强调发展新型农村集体经济，构建产权关系明晰、治理架构科学、经营方式稳健、收益分配合理的集体经济运行机制。党的二十大报告提出："巩固和完善农村基本经营制度，发展新型农村集体经济，发展新型农业经营主体和社会化服务，发展农业适度规模经营。"2023年"中央一号文件"提出，发展新型农村集体经济的重点是，做好农村集体产权制度改革的下半篇文章，巩固拓展改革成果。既要抓好运行机制的完善，推动构建产权关系明晰、治理架构科学、经营方式稳健、收益分配合理的运行机制，也要探索多样化发展途径，推行资源发包、物业出租、居间服务、资产参股等多种模式，提高集体经济收入和服务带动能力。同时，要健全农村集体资产监管体系，充分保障集体成员的知情权、参与权、经营权。这些工作重点多与供销合作社经营范围有关，有些是供销合作社的优势业务。因此，对供销合作社推动新型农村集体经济的独特优势和路径进行研究，有利于供销合作社以推动新型农村集体经济发展为契机，深化综合改革，寻找踏实、有效、长远的增长方式，在壮大新型农村集体经济过程中谋求长远发展；探索新型农村集体经济发展的有效实现路径，有利于节省制度设计成本和实施成本，有利于为基层工作者提供指引和借鉴，具有非常重要的实践意义。深入剖析新型农村集体经济内涵，提炼供销合作社优势功能，将供销合作社优势的发挥与新型农村集体经济的发展相结合，提出抽象、概括、有指导意义的理论观点，这对合作经济理论的发展和"三农"问题理论的发展都是非常有意义的探索。

（四）供销合作社推动新型农村集体经济发展的实践

多地对供销合作社推动新型农村集体经济发展进行了探索。但值得注意的是，由于中国地域广大、区域差异和农村发展阶段不同，各地的"三社融合"实施情况存在差异。一些地区在融合实施上取得了显著进展，而另一些地区仍面临挑战和困难。因此，为推进"三社融合"，还需要加强政策引导、加大金融支持、加强培训指导等方面的工作，不断完善融合机制，推动农村经济的持续发展和农民收入的增加。

1. 浙江省瑞安市率先探索试点农民专业、供销、信用合作"三位一体"新型农村合作体系。浙江"三位一体"模式在坚持家庭经营基础地位的同时，构建起农村合作经济升级版，助推农业现代化，实现供销与农业主体的双赢。瑞安市一直坚持突出农民主体地位，创新性地提出了诉求民意化、决策民主化、服务高效化、治理社团化的组织结构体系。坚持"农有""农治""农享"，确保农民拥有实际决策权。瑞安市还实行议行融合制，确保诉求由农民提出、决策由农民做出、成效由农民评出，探索农民考核农合联公职人员运行模式，推动服务高效化。2006—2020 年，全市农业增加值从 10.6 亿元增至 25.56 亿元，年均增长 6.49%；农民人均可支配收入从 8312 元增至 35872 元，年均增长 11%。"三位一体"综合合作在 2017 年、2021 年两次写入"中央一号文件"，瑞安市相继荣获"全国改革十大探索""中国地方政府创新奖""全国供销社系统金扁担贡献奖"等称号，以及进入"中国改革开放 30年 30 个创新案例""中国改革开放 40 年 40 个创新案例"等名单。

2. 山东省供销社适应农业转型的重大变化，加强组织创新和制度安排，山东党建带动模式实行"供销社＋村两委＋合作社"的"三位一体"村社共建模式，整合各方资源，发展农村经济，不仅促进了供销社改革发展，也使基层党组织服务农民有了经济舞台,促进了基层服务型党组织建设。山东省供销合作社顺应现代农业发展趋势,聚焦解决"谁来种地、地怎么种"问题,以土地托管为切入点,持续推动农业社会化服务提质扩面增效,在带动小农户进入现代农业发展方面发挥出生力军作用。2020年,全省系统土地托管面积达2978万亩,农业社会化服务规模超过5889万亩次,服务覆盖全省25%的耕地,省社与滨州市及莒南、章丘、泗水等14个县开展战略合作,发展土地股份合作社240家,整合土地14万亩,带动农户8万多户,全省系统实现销售总额3036亿元,同比增长20%;购进农产品776.3亿元,同比增长44.5%。

3.重庆市供销社以建设"五大体系"(为农服务基层组织体系、农业社会化服务体系、农村现代流通网络服务体系、农村综合信息服务体系、农村合作金融服务体系建设)为依托和载体,重庆要素融合模式推动供销社、农民专业合作社、信用社(农商行)"三社"在组织形态、生产经营、利益联结、管理体制和运行机制上科学有效融合,把生产、流通、信用三大要素融合起来,把政府、企业、农民三方面的作用统筹起来,全面推进"三社融合"发展。坚持联合合作、融合发展,坚持市场导向,以联合更紧、合作更实、融合更深为方向,着力"横向集中化、纵向一体化",建好市级、区县、乡镇三级农合联,打造为农服务综合平台。渝北大盛镇青龙村生产互助农业股份合作社,其下设生产合作部、供销合作部、资金互助部,探索以土地和资金入股合作社发展高效农业,实现"三社"融合促进"三农"发展。2019年,渝北区12个试点村有群众5801户累计土地入股18501.44亩、资金入股1245.9万元,解决生产合作、供销合作及资金需求。石柱县中益乡坪坝村综合服务社由中益乡供销社、坪坝村集体和农民共同入股组建,所有村民和建卡贫困户全部入社。该综合服务社成立后,通过"村社共建"已流转土地232.6亩,发展瓜蒌、前胡、羊肚菌、黄连、中蜂等产业,建立了农副产品初加工包装扶贫车间,短短半年时间,为贫困户购销农产品10万余元,解决了89户贫困户就业问题。

4.四川"三社融合"模式。农村集体经济是农村经济中的重要组成部分,推进供销合作社、村集体经济组织、农民专业合作社"三社融合"发展,大力发展农村集体经济,不仅是带动农民共同致富的经济问题,而且是关系党在农村执政基础的重大政治问题。省供销社通过近两年来积极开展"三社融合"试点探索实践,不仅有力推动了农村合作经济组织的发展壮大,夯实了供销社服务"三农"的基层组织体系,也有效带动了农村集体经济发展,增加了农民收入。自2021年以来,巴州区在三江镇谷水坝村发展蔬菜种植 500 亩与巴中市绿阳科技有限公司签订订单，预计产值 150 万元，引进四川野蕊蜂蜜发展有限公司，在三江镇谷水坝村建立种蜂繁育基地，建立蜂蜜加工厂，年可加工蜂蜜 100 吨，产值 500 万元，电商直播带货和东西部协作销售农产品可达 850 万元。在"三社融合"发展新模式推动下，通过自主发展、集体分红、灵活就业等方式，南江县赤溪镇西厢村民人均年增收 8000 余元。集体经济不断壮大，建成茶叶基地 2200 余亩、金银花基地 500 余亩，青钱柳观光园 4000 余亩和精忠文化产业园 8000 余平方米。先后获得"中国最美休闲乡村"、四川省"乡村治理示范村""文化扶贫示范村"等荣誉称号。

第三部分　全国供销合作社社有企业
发展专题研究

一、全国供销合作社系统社有企业概况

全国供销合作社是一个由中华人民共和国国务院领导且农民自愿组织起来的合作经济组织。截至 2023 年年底，全国供销社系统有县及县以上供销合作社机关 2868 个，其中省社 32 个、省辖市社 334 个、县社 2502 个。全国供销社系统有基层社 37652 个，这些基层社广泛分布在农村地区，是供销合作社系统的重要组成部分。2023 年，全国供销社系统销售额合计 7.3 万亿元，同比增长 12.6%，展现出强大的市场活力。其中，农业生产资料类销售额 13580.6 亿元，农产品类销售额 31636.5 亿元，显示出供销合作社在农资和农产品流通领域的重要地位。同时，供销合作社的业务范围广泛，包括农业生产资料、农副产品的经营以及日用消费品和再生资源的销售。此外，供销合作社还提供废旧回收、融资租赁、餐饮住宿等一系列服务。在产业链环节，供销合作社的产业链涉及生产、加工、冷链仓储和流通四大环节。在生产环节，主要参与棉花种植、农资供应和农业社会化服务；在加工环节，涉及一系列农产品的加工；在冷链仓储环节，提供冷链仓储、物流配送等服务；在流通环节，将商品运送至农批市场、连锁市场等。供销合作社通过整合这些环节，形成了完整的产业链，提高了运营效率和服务质量。2023 年中华全国供销合作总社发布了《2023 年全国供销合作社农资保供重点企业名单》，确定了 180 家全国供销合作社农资保供重点企业，这些企业在农资保供方面发挥着重要作用。在区域分布上，河南省和广东省的供销合作社数量最多，华北地区供销合作社数量也较多。这些地区的供销合作社在推动当地农业经济发展方面发挥了积极作用。

全国供销合作社系统社有企业在数量、销售额、业务范围、产业链和运营环节以及重点企业和区域分布等方面都呈现出良好的发展态势，为推动我国农业经济的发展作出了重要贡献。

（一）经营状况稳步提升

供销合作社社有企业近年来发展态势良好，呈现出多方面的积极变化。

1. 2024年一季度销售总额和购进总额双增长，全市供销合作社系统实现销售总额5.32亿元，同比增长13.05%；购进总额5.33亿元，同比增长18.24%。这表明社有企业在经营规模和业务活跃度上均有所增强。

2. 在各项主营业务中主营业务稳步推进，农业生产资料类销售额同比增长67.97%，农畜产品类购进额同比增长5.88%，消费品零售额同比增长5.88%，再生资源类购进总额同比增长330.95%。这些数据显示出社有企业在不同领域均有所斩获，业务结构日趋多元化。

（二）服务能力和水平不断提高

1. 社有企业在坚持为农服务宗旨的基础上拓展服务范围，不断拓展服务领域，从传统的农产品购销业务向金融、物流、科技等领域延伸。这种多元化服务策略有助于满足更多客户群体的需求，提高市场竞争力。

2. 社有企业注重提升服务质量，通过加强内部管理、优化业务流程、提高员工素质等措施，不断提升客户满意度和忠诚度。例如，临邑县供销社作为社有企业，近年来通过改革创新，不断提升综合服务能力，致力于实现高质量跨越式发展。该供销社积极树立"大抓基层、加强基层、夯实基层"的工作导向，持续深化供销社综合改革，全面推进基层组织振兴。对全县7处已歇业、没有营业执照的基层供销社进行改造，全部重新注册为农商贸有限公司，实行一套班子两块牌子的组织体制。同时，引入现代企业管理的方式方法，改变基层社"干多干少一个样"的现状并制定出台《临邑县供销合作社绩效考核激励机制》，全年纯利润50%用于绩效奖励，激励基层职工干事创业积极性。临邑县供销社通过上述措施，成功实现了基层组织综合服务能力的大幅提升，增强了为农服务能力，被全国总社评为"基层社标杆社"，成为全省系统"基层社示范社"，树立了供销社为农服务新形象。

(三) 数字化转型和绿色可持续发展成为新趋势

1. 随着信息技术的发展，社有企业逐渐趋向数字化转型。通过建立数字化平台和系统，提高业务效率和服务质量，便捷、高效地满足了客户需求。数字化转型还有助于社有企业降低经营成本、提高市场竞争力。

2. 社有企业在发展过程中注重环境保护和绿色可持续发展，推动绿色农业生产、加强环保意识教育、倡导生态文明建设等措施有助于实现社有企业的长期发展。

(四) 政策支持力度加大

政府在支持供销合作社社有企业发展方面发挥了重要作用。通过财政补贴、培训补助、技术支持等措施降低社有企业的经营成本和风险，促进社有企业的健康发展。此外，政府还引导科研机构和高校开展技术研究，为社有企业提供技术支持，推动科技创新，提高社有企业的生产效率和竞争力。在财政补贴方面，各级政府将供销合作社的发展纳入财政预算，提供专项资金支持，包括农资仓储、数字化农资流通服务网络建设等方面。支持供销合作社承接涉农惠农的生产经营和建设项目，允许符合规定的财政项目资金直接投向注册后的基层社。鼓励商业银行为供销合作社提供优惠贷款，帮助其扩大经营规模，增加设施投资。同时，健全完善省级化肥储备制度，制定省级化肥储备政策，支持供销合作社参与政策性农资储备工作。

对参与农膜等农用药肥包装废弃物回收利用的企业，各级政府给予适当支持，并统筹中央农业资源及生态保护补助资金。在推动改革与创新方面，支持供销合作社持续深化综合改革，包括土地托管服务、农产品质量标准与认证、市场营销和技术推广等方面，鼓励供销合作社以市场化手段开展经营服务，培育农业社会化服务骨干企业，围绕农业全产业链提供服务。支持供销合作社建立现代化农村流通网络体系，推进农村流通体系建设，提升农村流通服务网络的覆盖率和质量。

二、社有企业发展成效

随着一系列政策措施的落地实施，供销合作社社有企业取得了显著的发展成效。

（一）经济效益稳步增长

在政策的有力支持下，社有企业的经济效益稳步增长。销售额和购进额持续上升，主营业务稳步推进，特别是在农业生产资料、农畜产品、消费品和再生资源等领域的销售额与购进额均实现了显著增长。这些增长不仅增强了社有企业的经济实力，也为推动当地农业经济发展提供了有力支撑。社有企业的经济效益增长并非一蹴而就，而是源自其深入的市场调研、精准的战略定位以及持续的创新驱动。随着科技的不断进步，社有企业紧跟时代步伐，将信息技术和大数据分析应用于生产和销售环节，实现了资源的优化配置和效率的显著提升。在农业生产资料领域，社有企业积极引进先进的农业技术和设备，为农民提供高质量的种子、化肥和农药等生产资料，促进了农业生产的现代化和高效化。同时，企业还建立了完善的售后服务体系，确保农民在使用过程中遇到问题能够及时得到解决。在农畜产品领域，社有企业注重品牌建设和质量监管，打造了一批具有地方特色的优质农畜产品品牌。通过线上线下相结合的销售模式，企业成功将产品推向全国乃至国际市场，提高了农产品的附加值和市场竞争力。在消费品领域，社有企业紧跟消费者需求变化，不断调整产品结构，推出了一系列符合市场需求的消费品。同时，企业还加强了对供应链的管理和优化，确保产品质量和供应的稳定性。在再生资源领域，社有企业积极响应国家环保政策，开展废旧物品回收和再利用业务。通过引进先进的处理技术和设备，企业成功将废旧物品转化为有价值的再生资源，为环保事业作出了积极贡献。

（二）服务能力显著提升

社有企业在服务能力和服务水平上也取得了显著提升。随着市场竞争的日益激烈，社有企业深刻认识到服务能力的重要性。它们不断寻求创新，积极引入先进的服务理念和技术手段，以确保能够为客户提供更加高效、便捷、个性化的服务体验。首先,社有企业在服务流程上进行了优化。它们通过精简环节、提高响应速度,实现了服务效率的大幅提升。无论是咨询、下单、支付还是售后,客户都能感受到社有企业的高效与贴心。这种高效的服务流程不仅提高了客户满意度,还为企业赢得了更多的市场份额。其次,社有企业注重服务创新。它们根据客户需求和市场变化,不断推出新的服务项目和服务产品。例如,通过大数据分析,社有企业能够精准把握客户需求,提供定制化的服务方案。这种个性化的服务方式不仅满足了客户的特殊需求,还增强了客户对企业的信任度和忠诚度。最后,社有企业加强服务团队建设。它们通过培训、激励等方式,提高服务人员的专业素养和服务意识。同时,企业还建立了完善的服务质量监控体系,确保服务质量的稳定和提升。这种重视服务团队建设的做法,为社有企业提供了坚实的人才保障,也为企业的持续发展奠定了坚实基础。总之,社有企业在服务能力和服务水平上的显著提升,不仅赢得了客户的认可和信任,还为企业赢得了更多的市场机会。未来,社有企业将继续秉持"客户至上"的服务理念,不断提升服务能力和服务水平,为客户提供更加优质、高效、个性化的服务体验。

(三) 数字化转型和绿色可持续发展取得新进展

社有企业在数字化转型和绿色可持续发展方面也取得了新进展。随着时代的演进和科技的飞速发展,社有企业在数字化转型的道路上不断前行,同时也在绿色可持续发展的道路上迈出了坚实的步伐。这些新进展不仅体现了企业的前瞻性和创新精神,也为整个行业乃至社会带来了积极的影响。在数字化转型方面,社有企业积极拥抱新技术,运用大数据、云计算、人工智能等前沿科技手段,不断提升企业运营的智能化水平。通过构建数字化平台,企业实现了资源的优化配置和流程的透明化管理,大大提高了工作效率和加快了响应速度。同时,数字化转型还促进了企业间的合作与交流,形成了更加紧密的产业链生态,推动了整个行业的数字化转型进程。在绿色可持续发展方面,社有企业始终坚持绿色发展理念,将环保和可持续发展融入企业运营的各个环节。通过引进先进的环保技术和设备,企业实现了生产过程的绿色化和清洁化。同时,企业还注重资源的循环利用和节能减排,通过优化生产流程和采用节能技术,有效降低了能源消耗和污染物排放。此外,企业还积极参与社会公益事业,推动环保理念的普及和实践,为社会的绿色可持续发展做出了积极贡献。未来,社有企业将继续深化数字化转型和绿色可持续发展战略,不断探索新的技术和模式，推动企业的创新和发展。同时，企业还将加强与社会各界的合作和交流，共同推动行业的数字化转型和绿色可持续发展进程，为实现可持续发展目标贡献更大的力量。

（四）社会影响力不断增强

随着社有企业经济效益和服务能力的不断提升，其社会影响力也不断增强。社有企业在推动当地农业经济发展、促进农民增收致富、保障农产品质量安全等方面发挥了重要作用，赢得了社会各界的广泛认可和赞誉。社有企业不仅致力于提供高质量的产品和服务，还积极履行社会责任，为社会的和谐、稳定和发展贡献着力量。在环保领域，社有企业积极推动绿色生产，采用环保技术和材料，减少对环境的污染。在扶贫领域，社有企业采取多种方式帮助贫困地区的群众脱贫致富。它们与当地政府合作，开展产业扶贫项目，帮助农民发展特色农业和乡村旅游。同时，它们还通过购买贫困地区的产品和服务，促进当地经济发展。在公益慈善领域，社有企业积极履行社会责任，参与各种公益慈善活动。无论是向灾区捐款捐物，还是为弱势群体提供援助，社有企业都毫不吝啬地伸出援手。这些善举不仅帮助了需要帮助的人，也传递了正能量和爱心。

三、供销社系统社有企业发展困境

（一）发展不平衡，整体经济实力不强

观察行业的发展现状，我们可以看到，农资企业在市场上占据了较大的份额，拥有显著的销售优势。然而，与此形成鲜明对比的是，农产品、日用品、再生资源等传统主营业务却呈现出弱化的趋势，市场占有率较低，许多企业依旧依赖资产经营收入。此外，从联合合作的角度来看，我国企业之间存在明显的分散性，各层级的企业往往各自为政，未能形成一个有机的整体。这种分散性导致了企业联农带农的能力不足，与农民专业合作社和农户之间的利益联系不够紧密。同时，农资企业在品牌服务、技术服务、优质服务等领域的含量较低，缺乏核心竞争力。这使得我国总体上尚未形成具有竞争力的产业。

（二）业务结构较为单一，市场开拓能力相对较弱

首先，大部分企业仍然以传统业务为主导，呈现出一种"守摊子，过日子"的状态，缺乏创新和进取精神。其次，社有资产的经营盘活不够，很多企业过于依赖收取租金的方式，导致产业转型升级缓慢。由于城市建设的发展需要，部分资产面临被政府拆迁或收储的风险，使得资产存量不断减少。因此，如何整合物业资产的管理，提升资产经营效益，成了一个亟待进一步探索的问题。在当前的经营环境中，企业若想实现可持续发展，就必须突破业务结构的单一性，努力提高市场开拓能力。一方面，企业应积极寻求业务创新，拓展新的业务领域，以降低对传统业务的依赖。另一方面，企业应加强对社有资产的经营盘活，探索多元化经营模式，提高资产的使用效率。同时，企业还需要关注城市建设的发展动态，合理调整资产配置，以应对可能出现的拆迁和收储风险。

（三）资产体量大，但质量较差

在长期的发展历程中，我国的供销合作社社有企业已经积累起了庞大的社有资产。然而，这些资产的质量却并不尽如人意，仍存在不少问题。大量的社有资产尚未得到有效的开发和利用，从总体上来看，虽然资产的总量庞大，但效益却相对较少。此外，虽然企业的数量众多，但盈利的企业却屈指可数。这种状况导致了供销合作社社有企业的自身积累严重不足，发展步伐因此变得缓慢。在激烈的市场竞争中，这样的企业往往缺乏足够的后劲，抗风险能力也较差。因此，如何提高资产的质量，有效开发和利用这些资产，提高企业的盈利能力，增强自身积累，加快发展速度，提高抗风险能力，已经成为供销合作社社有企业需要迫切解决的问题。

（四）体制机制缺乏灵活性，法人治理结构尚未达到完善状态

在治理机制方面，存在明显的不足，缺乏成熟的市场化机制。当社有企业面临激烈且复杂的市场竞争时，常常感到难以应对，无法充分发挥其潜力。陈旧且僵化的传统体制机制，如同紧身衣一般限制了企业的创新思维和市场反应速度，使得企业在快速演变的市场环境中，难以求生存、谋发展。这不仅影响了企业的市场竞争力和经济效益，也制约了企业的长远发展和整体实力的提升。

一些省级社有企业，如省农资集团、省棉麻集团等，面临一些迫切需要解决的

问题。这些问题主要体现在班子成员不完整、人员老化等方面。在一些企业中，董事会和监事会的架构初步建立，而董事会的组成结构并未得到优化，董事会和经营层的人员高度重合的问题还未得到解决。在重大事项的决策上，企业领导班子起着决定性的作用，而董事会和监事会的职责并未得到充分发挥。此外，中高层经营管理人才短缺，部分企业的经营团队在开拓创新方面意识不足。企业经营班子成员的市场化选聘工作尚处于起步阶段，对于企业绩效管理、干部容错纠错等一系列制度文件的落实仍需深入推进。在省供投集团旗下的一级企业——省老邻居商贸连锁公司中，尽管企业管理制度已相对完善，但在管理实践中，物料、固定资产、资金等"物本"管理观念占据主导地位，而在"人本"管理理念上的重视程度仍需加强。相较于行业内的杰出企业，该公司员工薪酬待遇水平较低，导致老员工流失后，难以吸引并招聘到合适的人才。目前，中高层人员的激励机制主要依据上级单位的规定，采用"下不保底，上按 100％封顶"的模式，此规定不仅抑制了员工的主观能动性，也难以吸引更多优秀人才加入。这种情况若持续下去，可能会对企业未来的可持续发展产生不利影响。

（五）未能及时构建完善的现代企业制度，制度的完善亟待推进

其中，岗位考核制度的不完善问题尤为突出。以财务人员为例，尽管许多公司的会计或财务主管拥有丰富的从业经验，但在岗位考核方面却往往缺乏明确的制度作为指导。这种状况使得传统的"师傅带徒弟"模式在传授经验方面虽然发挥了作用，但在考核标准的量化方面却显得力不从心，从而导致财务人员的工作质量和效率出现了明显的差异。此外，随着企业规模的不断扩大和业务复杂性的增加，财务决策不能再仅仅依赖于经验和直觉。现代企业需要更加科学、合理的考核制度来指导财务人员的工作，从而满足企业发展的需求。因此，建立一套完善的岗位考核制度，对于提高财务人员的工作质量和工作效率，以及推动企业的健康发展具有重要意义。

（六）内部控制不规范，制度执行不严格

近年来，我国的供销合作社系统在监事会制度以及法人治理结构这两个重要方面进行了必要的优化和调整，它们积极推进社有企业的重组以及转型升级，取得了一定的成绩和进展。然而，管理上的不规范问题依然十分严重。在监事会制度这个

领域，尽管已经进行了优化和调整，但监事会的独立性和权威性依然需要进一步加强，监督的力度和效果也还需要进一步提高。在法人治理结构方面，虽然企业的重组和转型升级得到了推进，但是一些企业的法人治理结构依然存在问题，如权力过于集中、决策程序不规范等问题依然存在。同时，内部控制制度的执行也并不严格，一些企业的内部控制制度并没有得到真正的执行，存在着严重的内部管理混乱、财务不透明等问题。这些问题严重影响了供销合作社系统的正常运行和健康发展。

（七）企业人才匮乏，经营管理能力亟待提高

在深入的调研分析中，我们发现许多企业在经历了体制改革后，面临着一个严峻的问题，即人才的缺乏以及经营管理能力的不足。这已经成为制约企业发展的关键因素。具体来看，原本系统中的一些经营和管理高手，在体制改革后选择了离开，导致企业内部现存的人才结构老化，思维方式和能力水平已无法满足当前市场的竞争和企业的扩张需求。企业的经营状况并不理想，收益偏低，没有政策上的优势，也没有足够的吸引力来吸引新鲜血液，更别提实现自我更新。员工队伍的年龄结构普遍偏大，知识结构存在明显缺陷，思想较为保守，缺乏必要的责任感和紧迫感。在某些企业中，一线业务人员短缺，缺乏足够的业务和管理人才来构成后续的成长梯队。

首先，企业普遍缺少一个专业的管理团队。新成立的企业在摸索中前行，成效不佳；而老企业核心团队正在老化，急需年轻且有才华的管理和技术人才来推进新业务的开发，但这一需求始终得不到满足。

其次，受限于股份制改革的试点政策、缺乏有效的激励和约束机制，以及相对较低的薪酬水平，使得一些优秀的管理人才和技术人才选择了离开。同时，部分企业管理不够严格，高端人才难以引进。当前，企业员工队伍的年龄结构趋向老化，这在某种程度上削弱了创新精神和工作积极性。企业经营效益的不佳以及相对较低的收入水平，致使企业难以吸引并留住优秀人才，难以实现人才结构的优化与更新。员工的知识结构不尽合理，思想保守，缺乏应有的责任感和使命感，这是企业当前亟待解决的实际问题。在一些企业中，领导团队与员工对企业未来的发展缺乏坚定信心，工作积极性有待提高，决策风格偏向保守，面对问题和矛盾时倾向于向上级报告而非主动承担责任。企业管理层与员工普遍年龄偏大，知识结构陈旧，缺

乏创新和开拓能力，其管理思维与方法难以适应市场快速变化和企业发展的新需求，这凸显了经营管理人才的短缺以及企业文化建设的滞后。在针对四川省农资集团邦力达公司川南公司的调研中，我们发现员工年龄普遍偏高，主要集中在40岁以上，且仅有3名业务员负责相关业务。这表明，在当前行业对年轻人才的吸引力不足的背景下，单个业务员所承担的市场压力过大，不利于市场的深入开发与细致经营。同时，传统行业和传统的激励机制对年轻人才的吸引力不足，进一步加剧了企业的人才短缺问题。

（八）创新意识需要加强，缺少发展新动能

伴随着岁月的长河，我国的供销合作社社有企业已经建立起一支规模宏大的团队。然而，时至今日，社有企业面临着一个较为严峻的现实问题，那便是职工的年龄结构呈现出老化的趋势，知识水平也在逐渐弱化。这一问题在社有企业中显得尤为突出。企业效益的不尽如人意，进一步加剧了人才的流失，同时也使得人才的引进变得异常困难。这种情况无疑对社有企业的可持续发展产生了极为不利的影响。目前，社有企业的员工普遍存在着一种封闭性思维，创新意识十分淡薄，这已经成为制约企业发展的一个重要因素。如何唤醒和增强员工的创新意识，已经成为社有企业需要迫切解决的问题。

四、全国供销合作社社有企业发展的对策建议

（一）坚定不移地深化体制改革，快速推进现代企业制度的构建

首先，要深入推进产权体制改革。各级供销合作社需要全面、深入地了解和掌握所属企业的实际情况，根据不同情况分类推动公司制改革。对于那些长期停业歇业的企业，要加快进行清理和整顿；对于正常经营的企业，要制订切实可行的改革提升方案，确保改革工作的全面推进和落实。同时，要稳步推进混合所有制改革，充分利用供销合作社的资源和渠道优势，通过投资参股、联合投资、重组并购上下游企业等方式，构建完整的产业链，提升社有资本的活力和功能。此外，还要推动社有企业管理层和员工持股，规范资产评估，明确定价机制，建立健全股权流转和退出机制，为企业的长期发展提供坚实的制度保障。

其次，要完善社有企业的法人治理结构。稳步推进董事会规范化建设，完善董事会工作规则等基本制度，优化董事的选聘、考核评价和薪酬管理。要明确董事会对经理层的授权原则、管理机制、事项范围和权限条件，保障经理层在经营过程中的自主权。同时，要严格落实总经理对董事会负责、向董事会报告的工作机制，进一步强化监事会的监督作用，加强对企业日常工作的监管。

最后，要推动管理体系和管理能力的现代化。充分利用现代管理理念，深化"互联网＋"在企业管理中的运用。积极推动"智慧供销"体系建设，加快构建有效的数字化治理体系。同时，要加强各类风险的管控，进一步完善资金监管系统，健全企业内部控制、财务风险跟踪监督等长效机制。定期对企业的财务状况进行审查和监督，对发现的重大风险隐患及时进行整改，有效地排除和化解风险隐患，为企业的稳定发展提供坚实保障。

（二）探索创新体制，健全市场化经营机制

探索创新体制，健全市场化经营机制，是社有企业不断适应市场经济发展、提高竞争力的必由之路。在深化社有企业劳动、人事、分配"三项制度"改革的过程中，我们不仅要注重制度的完善与落实，更要关注体制的创新与突破。

在劳动制度改革方面，我们需要进一步打破传统的用工模式，推动用工市场化。通过建立灵活多样的用工机制，如劳务派遣、项目制用工等，满足企业不同阶段的用工需求。同时，加强员工职业培训和技能提升，提高员工素质，为企业发展提供坚实的人才保障。在人事制度改革方面，我们要坚持党管干部原则，确保企业领导班子的政治素质和专业能力。同时，建立健全干部选拔任用机制，推行公开竞聘、竞争上岗等制度，拓宽选人用人渠道，选拔更多优秀人才进入企业领导岗位。此外，我们还要完善干部考核评价机制，建立以业绩为导向的考核体系，激发干部的工作积极性和创造力。在分配制度改革方面，我们要坚持按劳分配为主体、多种分配方式并存的制度，完善个人收入分配结构。通过建立健全薪酬激励机制，将员工薪酬与企业效益紧密挂钩，激发员工的工作热情和创造力。同时，我们还要加大对关键人才的激励力度，建立符合专业人才的收入分配制度，吸引并留住优秀人才。

（三）聚焦主责主业，优化社有资本布局

一是坚定推动社有资本向为农服务的主业深度倾斜。针对农资、农产品、日用消费品、再生资源等传统主营业务的企业，我们必须确保社有资本的相对控股地位得以稳固。在此基础上，我们将依托福建省丰富的特色农产品资源，持续强化"福茶""福菌""福米""福水"等带有"福"字标识的农产品品牌建设，以进一步提升福建农产品的品牌影响力。为了更有效地推广这些优质农产品，我们计划构建一个名为"福供优选"的农产品推广服务平台。通过该平台，我们将定期举办"一县一周"的名特优农产品展示展销活动，旨在拓宽市场渠道，使更多消费者能够了解和购买到福建的优质农产品。同时，我们还将积极探索建设供销海丝茶产业园，以打造福建供销农产品集采、集、配于一体的供应链体系，从而进一步增强福建农产品的市场竞争力。在农业服务领域，我们将积极组建专业的农业服务公司、新型庄稼医院、智能配肥站等多元化服务实体，致力于为农民提供全方位、高效、便捷的服务支持。这些举措将有助于提高农业生产效率，增加农民的收入，进一步推动农业产业的可持续发展。

二是加大社会资本对农业科技领域的投资力度。伴随着现代农业的迅猛发展，科技已经成为推动农业转型升级的重要力量。我们必须积极倡导社会资本加大对农业科技研发、技术推广等领域的投入，积极构建农业科技创新平台，全面提升农业科技水平，推动农业产业的升级换代和绿色发展。只有这样，我们才能真正实现农业的现代化，让科技成为农业发展的强大驱动力。同时，我们也需要加大对农业科技企业的扶持力度，鼓励它们进行技术创新，培养农业科技人才，提升农业科技的国际竞争力。只有这样，我国农业才能在激烈的国际竞争中立于不败之地。

三是进一步拓展我国社有资本在农业产业链上下游的全方位布局。我们必须以农业产业链为核心，全面覆盖从种子、化肥、农药等农资供应，到农产品种植、养殖、加工、销售等各个环节，加大社有资本的投入和布局。我们应当通过优化产业链的结构，提升农产品的附加值，从而增强我国农业产业的整体竞争力。在这个过程中，我们需要充分利用社有资本的优势，推动农业产业链的升级和转型，使其更加符合市场需求，满足消费者的需求。同时，我们也需要关注农业产业链的环境影响，积极采取措施减少农业生产对环境的影响，实现农业可持续发展。

四是进一步强化社会资本在农业品牌创建工作中的关键作用。深知品牌对于农产品来说是其价值和品质的重要体现，因此，我们应当最大限度地发挥社会资本的引领和促进作用。我们需要对社会资本进行有效的引导，使其更多地投向于培育和推广那些具备鲜明地域特色以及明显竞争优势的农业品牌。通过这样的方式，我们可以帮助农产品提高其在市场上的知名度和好评度，从而有效提升农产品的市场竞争力。

五是进一步强化社会资本与农民专业合作社、农业龙头企业的深度合作。显而易见，农民专业合作社与农业龙头企业是我国农业发展进程中的关键推动力量。因此，我们必须与它们建立更为紧密的合作关系，通过社会资本的注入以及各方面支持，助力它们不断发展壮大，加速推进我国农业现代化的步伐。与此同时，我们还应当积极引导并大力支持它们参与社会资本的运作和管理，共同致力于社会资本的优化布局和高效运营。这样，不仅可以进一步提升农民专业合作社和农业龙头企业的市场竞争能力，也有助于社会资本的保值增值，实现多方共赢。

（四）加快发展步伐，构建稳固的联合合作机制

首先，深化跨区域与跨层级的联合整合。为推进跨区域与跨层级的联合整合，我们将秉持开放包容的企业发展理念，紧密围绕产业发展、资源优化配置、管理效能提升等核心战略目标展开工作。依托农资流通、农业社会化服务、消费品销售、农产品流通、资源再生利用、冷链物流等传统优势领域，我们将积极鼓励并引导实力雄厚的社有企业开展跨层级、跨行业、跨所有制的并购重组与联合合作，以培育出具备强大竞争力的大型企业集团。同时，为构建稳固的强弱社对接合作机制，我们将通过合作共建企业、联合投资项目等方式，促进社有企业间的共赢发展，形成良好态势。

其次，促进产业链各环节协同并进。社有企业应充分发挥其业务优势及承担的主体责任，运用科学方法优化调整业务结构和商业模式，以增强对产业链、供应链、服务链的整合能力，力求成为产业中具备显著引领和驱动作用的"链长"企业。同时，应积极融入"三位一体"综合改革试点工作，通过提供增信服务、融资担保等金融手段，弥补产业链、供应链中的薄弱环节，引导优质资源向农业服务企业集中。此外，还需构建产学研用协同创新的体系，深化与高等院校、科研院所的合作，提升科研成果质量，加速成果转化进程，以科技手段推动农业服务水平不断提升。

最后，发挥龙头企业的引领效能，推动基层发展。各级供销合作社应全力支持龙头企业，通过项目合作、产业共建、构建联盟等模式，构建农业产业化联合体，以切实促进基层社和新型农业经营主体的持续发展。积极参与并推进"县域流通服务网络建设提升行动"，加快乡镇惠农综合服务中心示范点的建设步伐，充分发挥其在基层发展中的引领和示范作用，构建各级供销合作社协同联动、共同发展的良好工作局面。

（五）改进监管方式，完善资产监管体制

一是健全社有资产管理制度。在现有制度框架的基础上，我们将进一步深化对社有资产管理制度的改革和完善。通过制定更为精细化的管理规则，确保社有资产的每一分钱都得到合理、高效利用。同时，我们还将加强对社有资产使用情况的监督检查，防止资产的浪费、滥用或流失，保障资产的安全与完整。

二是推动信息化技术在资产管理中的应用。随着信息技术的快速发展，我们将积极探索并推广信息化技术在资产管理中的应用。通过建立社有资产信息化管理平台，实现资产信息的实时更新、动态监控和数据分析，提高资产管理的透明度和效率。同时，我们还将加强与相关部门的信息共享和协作，共同推动社有资产管理的现代化和智能化。

三是加强资产监管人员的培训和教育。资产监管人员是资产监管体制的重要组成部分，他们的素质和能力直接影响着资产管理的质量与效果。因此，我们将加强对资产监管人员的培训和教育，提高他们的专业素养和业务能力。通过定期举办培训班、研讨会等活动，让他们了解最新的管理理念和技术手段，提高他们的工作能力和水平。

四是完善资产监管的考核评价机制。为了激励资产监管人员更好地履行职责、提高工作效能，我们将建立完善的资产监管考核评价机制。通过制定科学合理的考核指标和评价标准，对资产监管人员的工作进行定期评估，并根据评估结果进行相应的奖惩和激励。这将有助于增强资产监管人员的责任感和使命感，促进资产管理的持续优化和提升。

五是加强与其他相关部门的协作和配合。资产监管工作涉及多个部门和领域，需要各方面的协作和配合。因此，我们将积极与其他相关部门加强沟通和协作，共同推动资产监管工作的顺利开展。通过建立健全的协调机制和信息共享机制，实现

各部门之间的无缝对接和高效协同，共同为社有资产的保值增值贡献力量。

（六）加强人才培养，激发企业发展活力

首先，为确保企业持续稳健发展，我们必须对企业的人才选拔机制进行全面且细致的优化，并积极拓展多元化的人才引进渠道。我们应勇于尝试和探索企业经营者的市场化选用、考核与激励机制，对现有绩效考核办法进行深度改进和完善，旨在提升企业负责人的经营管理效能。此外，为应对供销行业特定的人才需求，我们将主动与各大高校建立紧密的合作关系，制订并实施具有针对性的定制化人才培养方案，实施定向培养策略。

其次，我们将加大对企业员工日常培训的投入力度，持续优化和完善培训体系与计划，确保管理人员能够持续更新和扩展自身的知识结构。鉴于当前企业员工年龄结构逐步老化的实际情况，我们将着重加强人才队伍的梯队建设，特别是通过资本与股权的合作模式，积极引入符合市场发展趋势的战略投资者及先进的企业经营管理模式。我们将不遗余力地吸引那些真正具备管理才能、擅长经营、勇于创新的人才加入我们的团队，以期进一步提升企业的经营管理水平，持续激发企业的内在活力。

（七）正确把握推进社有经济高质量发展的总体要求

把握推进社有经济高质量发展的基本导向。在明确了社有经济高质量发展的总体目标后，接下来我们需要深入理解和把握其基本导向。这一基本导向，既是我们行动的指南，也是我们衡量工作成效的标尺。

首先，要坚持以人民为中心的发展思想。社有经济的本质是服务社员、服务社会，因此，在推进高质量发展的过程中，我们必须始终将人民的利益放在首位。无论是制定政策，还是实施项目，都要从满足人民日益增长的美好生活需要出发，确保社有经济的发展成果更多、更公平地惠及全体人民。

其次，要坚持创新驱动的发展路径。在当前全球科技和产业变革日新月异的背景下，社有经济要实现高质量发展，必须依靠创新。我们要鼓励和支持社有企业加大研发投入，加强核心技术攻关，推动创新成果转化为现实生产力。同时，我们还要积极营造有利于创新的环境，为社有经济的创新发展提供有力保障。

再次，要坚持绿色发展的理念。随着全球环境问题日益突出，绿色发展已成为国际社会的共识。社有经济在追求经济效益的同时，也要注重生态环境保护，实现经济效益、社会效益和环境效益的有机统一。我们要引导社有企业积极采用绿色技术、绿色工艺，推动形成绿色生产方式和生活方式。

最后，要坚持开放合作的发展策略。在全球经济一体化的大背景下，社有经济要实现高质量发展，必须积极参与国际合作与竞争。我们要鼓励社有企业走出国门，拓展国际市场，同时也要积极引进国际先进技术和管理经验，提升社有企业的国际竞争力。

把握推进社有经济高质量发展的思路目标。在推进社有经济高质量发展的进程中，我们必须以习近平总书记"七一"重要讲话和对供销合作社工作的重要指示为行动指南。站在新的历史起点上，我们应紧密围绕实现农业农村现代化的宏伟目标，深化供销合作社改革，强化服务功能，拓宽服务领域，努力构建以农资、农产品、再生资源为核心的城乡经济循环新格局。主要体现在以下几个方面：

一是坚守为农服务宗旨，筑牢高质量发展的基石。我们应坚定不移地坚持为农服务的根本宗旨，将助力乡村振兴作为主攻方向，持续提高为农服务能力。通过完善农业社会化服务体系，推动农业生产向规模化、集约化、标准化方向转变。同时，加强农产品流通体系建设，促进产销对接，帮助农民解决销售难题，进一步提升农民收入。

二是深化综合改革，激活高质量发展的动力。我们应深入推进供销合作社综合改革，加快构建以联合社机关为主导的行业指导体系和以社有企业为支撑的经营服务体系。通过优化联合社机关及其所属企事业单位的关系，调整社有企业布局和结构，激发社有企业的发展活力和市场竞争力。同时，积极推动基层供销社改革，发挥其在乡村的独特优势，成为服务农民生产生活的坚实力量。

三是创新服务模式与方法，提升高质量发展水平。在新时代背景下，我们需不断创新服务模式和方法，以适应农民日益增长的需求。运用互联网思维和技术手段，推动线上线下融合发展，打造数字化、智能化服务平台。同时，拓宽服务领域和范围，从农业生产资料供应拓展至农产品加工、销售等全产业链服务，形成全方位、多层次的服务格局。

四是加强人才队伍建设，保障高质量发展的人才支撑。人才是推动社有经济高质量发展的关键因素。因此，我们必须加强人才队伍建设工作，选拔和培养一批具有创新精神和实践能力的优秀人才进入关键岗位，提升整体队伍素质和能力水平。同时，建立健全激励机制和考核机制，为人才提供发挥才华的良好环境。通过深化改革、创新服务、强化人才支撑等措施的实施，不断提升供销合作社系统的服务能力和水平，为实现农业农村现代化做出积极贡献。

（八）大力抓好推进社有经济高质量发展的主责主业

全力推进社有经济高质量发展的核心职责是坚定不移地聚焦于为农服务的宗旨。社有经济的根本起源于对农业和农村的扶持，它的壮大得益于在保持为农服务初衷的基础上，不断探索和拓宽多元化的经营道路。而社有经济的最终归宿，仍然是坚定不移地服务于农业和农村。因此，要推动社有经济的高质量发展，必须将服务农业和农村确立为我们的主要职责与核心业务。我们需要鼓励和引导社有企业和基层社，积极开拓新的服务领域，特别是那些与农业、农村和农民密切相关的新领域。在推动乡村振兴、推进农业农村现代化以及实现全体农民共同富裕的伟大征程中，社有企业和基层社应当勇于承担责任，主动出击，积极作为，努力扮演好"领头羊"的角色，发挥出引领和示范的作用。

1. 创新农业生产服务

随着农业现代化的不断推进，创新农业生产服务已成为推动农业高质量发展的重要手段。在这一背景下，我们不仅需要关注传统的农业种植和养殖技术，更需要通过引入新的科技手段和服务模式，为农业生产注入新的活力。

首先，我们可以利用大数据和人工智能技术，为农业生产提供精准化的服务。通过对农业生产过程中的各种数据进行收集、整理和分析，我们可以准确掌握农作物的生长状况、病虫害发生情况等信息，为农民提供及时、有效的决策支持。同时，我们还可以利用这些信息优化农业生产布局、提高资源利用效率、降低生产成本。

其次，我们可以推动农业机械化的发展，提升农业生产的自动化和智能化水平。通过引入先进的农业机械设备和智能化控制系统，我们可以实现农业生产的自动化播种、施肥、灌溉、收割等作业，减轻农民的劳动强度，提高生产效率。同时，我们还可以利用这些设备，对农作物进行精准管理，提高农产品的产量和品质。

最后，我们可以探索农业与互联网、物联网等技术的融合，打造智慧农业生态系统。通过构建农业信息服务平台，为农民提供市场信息、政策咨询、技术指导等服务，帮助他们更好地了解市场需求和政策动态，提高农业生产的针对性和有效性。同时，我们还可以利用物联网技术，实现对农业生产的远程监控和管理，提高农业生产的智能化水平。

2. 提升城乡商贸服务

在城乡商贸服务的提升上，我们需要进一步加大力度，确保城乡居民能够享受到更加便捷、高效、优质的商贸服务。

首先，我们要加强城乡商贸设施的建设。在乡村地区，我们将投入更多资源，建设一批现代化的商贸中心，集购物、餐饮、娱乐、休闲等多功能于一体，满足乡村居民多样化的消费需求。在城市地区，我们将优化商贸布局，提升商业区的档次和品质，打造更多具有国际水准的购物天堂。

其次，我们要提升商贸服务的质量和效率。我们将推动商贸服务向数字化、智能化转型，利用大数据、云计算等先进技术，提升商贸服务的精准度和个性化水平。同时，我们还将加强商贸服务人员的培训和管理，增强他们的专业素养和服务意识，确保消费者能够享受到更好的服务体验。

最后，我们要加强城乡商贸服务的互联互通。我们将建立健全城乡商贸服务网络，推动城乡商贸资源的共享和优化配置。通过电商平台、物流配送等现代化手段，将城市的优质商品和服务输送到乡村地区，满足乡村居民的消费需求；同时，也将乡村的特色农产品和手工艺品引入城市市场，丰富城市居民的购物选择。

3. 优化农村信用服务

随着乡村振兴战略的深入实施，优化农村信用服务显得尤为关键。作为农村经济发展的重要支撑，信用服务不仅是金融机构的职责，更是推动农村社会经济持续健康发展的关键一环。接下来，我们将从以下几个方面入手，进一步优化农村信用服务。

一是加强农村信用体系建设。我们将积极与地方政府合作，推动农村信用信息数据库的完善，实现农户信用信息的全面覆盖和精准评估。同时，通过加强宣传教育，提高农民对信用的认识和重视程度，形成"守信光荣、失信可耻"的良好氛围。

二是创新金融产品与服务。针对农村地区的特殊需求，我们将设计更加贴近农民实际、符合农村经济发展的金融产品，如农村小额信贷、农产品质押贷款等。同时，我们还将推广移动支付、互联网银行等便捷服务，让农民享受到更加高效、便捷的金融服务。

三是优化服务流程。我们将简化贷款审批流程，提高审批效率，缩短农民等待时间。同时，加强贷后管理，确保资金安全、合规使用。此外，我们还将建立农户信用档案，为农民提供个性化的信用服务，满足其不同需求。

四是加强风险防控。我们将建立健全风险防控机制，加强对农户信用风险的评估和管理。同时，加强与政府、保险机构等的合作，共同构建风险分担机制，降低金融风险对农户的影响。

五是推动普惠金融发展。我们将继续推动普惠金融在农村地区的普及和发展，通过设立普惠金融服务站、开展金融知识宣传等方式，提高农民对金融服务的可及性和获得感。同时，加强与各类机构的合作，共同推动农村金融服务创新和发展。

总之，优化农村信用服务是推动农村社会经济持续健康发展的关键一环。我们将继续加强农村信用体系建设、创新金融产品与服务、优化服务流程、加强风险防控以及推动普惠金融发展等方面的工作，为农村经济发展提供更加优质、高效的金融服务。

4. 发展城乡环境服务

在推动城乡环境服务的发展上，我们需要采取更加全面和细致的策略。这不仅仅是关乎于建设更多的公园和绿化带，更是关乎于如何构建一个可持续、健康且宜居的城乡环境。

首先，我们需要增强公众对于环境保护的意识。通过教育宣传、社区活动等方式，让城乡居民都明白保护环境的重要性，并激发他们参与环保的积极性。只有当每个人都意识到自己的行为对环境的影响时，我们才能共同建设一个美好的家园。

其次，我们需要优化城乡环境服务的管理机制。建立健全的环境监测和评估体系，对城乡环境进行定期检查和评估，及时发现问题并采取相应措施。同时，加大环境执法力度，对违法排污、破坏环境等行为进行严厉打击，确保城乡环境的健康和安全。

再次，我们需要推动城乡环境服务的科技创新。利用现代科技手段，如物联网、大数据等，对城乡环境进行智能化管理。通过实时监测、数据分析等手段，及时发现环境问题并采取相应措施，提高环境服务的效率和质量。

最后，我们需要加强城乡环境服务的合作与交流。城乡环境服务是一个复杂的系统工程，需要政府、企业、社会组织等多方面的合作。我们应该加强与其他国家和地区的交流与合作，学习它们的先进经验和技术，共同推动全球环境事业的发展。

5. 开拓乡村消费服务

随着国家乡村振兴战略的深入推进，开拓乡村消费服务成为新的增长点。乡村地区的消费潜力巨大，但由于基础设施相对滞后、物流配送不便等因素，消费服务的发展一直受到限制。然而，随着科技的进步和互联网的普及，乡村消费服务正迎来前所未有的发展机遇。

为了开拓乡村消费服务，首先我们需要加强乡村地区的基础设施建设。这包括建设更加完善的交通网络，提升乡村地区的通达性；加强电网、通信网络等基础设施建设，确保乡村地区能够享受到与城市同等的现代化服务。

其次，我们需要推动乡村地区的物流配送体系建设。通过引入先进的物流技术和设备，优化配送路线，提高配送效率，确保乡村地区的消费者能够及时、便捷地收到购买的商品。同时，加强与电商平台的合作，拓展乡村地区的电商服务，为乡村消费者提供更多样化、更个性化的消费选择。

最后，我们需要加强乡村地区的金融服务支持。通过设立更多的农村金融机构，提供便捷的金融服务，满足乡村消费者的金融需求。同时，加强金融知识普及，提高乡村消费者的金融素养，让他们能够更好地利用金融工具进行消费和投资。

在开拓乡村消费服务的过程中，我们还需要注重培育乡村地区的消费文化。通过举办各种形式的消费活动、推广健康消费理念等方式，引导乡村消费者形成科学合理的消费习惯。同时，加强消费者权益保护，打击假冒伪劣商品和欺诈行为，维护乡村消费者的合法权益。

（九）深化开放合作，拓展社有企业发展空间

在当前全球经济一体化的大背景下，我们必须积极调整发展策略，全面融入开放型经济体系，不断深化国际交流与合作。我们要主动出击，积极引进外资，不仅要加强与发达国家的经济联系，更要抓住新兴市场和发展中国家的合作机遇。同时，我们要鼓励和支持社有企业开展跨国经营，积极参与国际竞争，充分利用国际

国内两个市场、两种资源，以此拓宽社有企业的发展空间。

　　为了更好地推动社有企业的发展，我们需要加强与其他国家和地区的经贸往来，深化合作关系，拓宽交流渠道。通过政策引导和资金支持，鼓励社有企业走出国门，积极参与国际经济合作和竞争。我们要充分利用各种国际合作平台，推动社有企业走向世界，提升其在国际舞台上的影响力和竞争力。

　　此外，我们还要加强与国际组织的合作，积极参与国际标准和规则的制定，推动国际经济秩序的公正与合理。同时，我们要加强对外宣传，讲好中国故事，传播好中国声音，提升我国在国际社会中的形象和地位。

第四部分 全国供销合作社土地托管专题研究

一、改革开放以来中国土地托管政策梳理

自改革开放以来，我国先后经历了从以家庭联产承包责任制为主要形式的"两权分离"农地制度到多元化发展模式下的"三权分离"农地制度这两大农业发展过程。改革开放早期政策演变过程的主线索是，如何在农地所有权不变的情况下激活农户生产力，同时有助于实现农业适度规模经营，推动农业现代化发展，从而梳理土地托管形成前的农业适度规模经营相关政策。而在适度规模经营发展过程中，从发展过程早期的农业土地规模化经营到近几年的服务规模化经营，国家都在不断从实践中汲取经验，稳步探索规模经营路径，实现农业现代化。

（一）实施家庭联产承包责任制初期（1978—1987年）

1978年安徽省凤阳县小岗村首先开展家庭联产承包责任制，粮食获得了大丰收，邓小平同志于1980年公开肯定了小岗村的做法，1982年第一个关于农村工作的一号文件正式出台，这是我国第一次以"中央一号文件"的形式颁布有关农村事务政策，确立了家庭联产承包责任制的地位并开启了"两权分离"农地制度时代。此时，新中国刚刚经历了一场大饥荒，农村亟须一场大改革来改变当前现状，提高农村生产力水平，保障国家基本的粮食安全。家庭联产承包责任制的实施不但开创了"两权分离"的农地制度时代，也激活了农户的种粮积极性，提高了农业产量，增加了农民收入，被认为是新中国成立以来的一项重要改革。但以家庭联产承包责任制为主要形式所形成的"两权分离"农业生产局面，也成为随后出现农地细碎化以及农地效率低下问题的直接原因，不过"两权分离"对以土地托管服务为主要形

式的"三权分离"有着正面的促进效果。

虽然 1983—1984 年的"中央一号文件"中国家不断鼓励土地向种粮能手、种田能手集中，并且允许一定条件下的土地转包，但 1984 年的"中央一号文件"也强调不允许出租和买卖自己的承包地以及自留地，说明此时国家提出的鼓励土地集中也只是初步倾向，在家庭联产承包责任制的实施过程中是一种特殊对待。这一时期，家庭联产承包责任制所激发的整体效果非常大，同时作为"两权分离"的开端时期，农村劳动力也被充分利用，1979—1984 年我国农业总产值增长 455.40%，粮食产量由 1978 年的 3.04 亿吨增加到 1984 年的 4.07 亿吨。对此，部分学者将这种现象解释为微观层面的激励效应，或者说是在市场化体制下将资源再配置形成的效果，但也有学者指出，这种家庭组织模式由于分散经营并不存在规模经济效应。随着时间的推移以及农业经济的发展，高度分散的、细碎化的小农生产模式逐渐无法适应农村生产力发展要求，出现了多种约束农业现代化发展的因素，如农地细碎化等。1978—1984 年"两权分离"初期，农村生产力被大幅度激活，但是由于土地细碎化农户越来越多，逐渐成为农业现代化发展的桎梏。政策导向逐渐牵引国内农业走向适度规模化经营的发展趋势。1986 年"中央一号文件"提出鼓励发展适度规模的种植专业户，这是国家首次在"中央一号文件"中提出"适度规模"的概念，是针对家庭联产承包责任制的弊端，进而探寻了一种新的方式解决相关问题。同时，1987 年"中央五号文件"强调：目前，国内暂不存在大面积扩大经营的条件，希望在国内部分地区，通过多种不同经营主体的承包、组织多种共同服务等探索，寻求土地集约经营的经验以及"乡村合作组织主要做好两件工作，一是为农户提供生产服务，二是加强承包合同的管理"。这一阶段，我国开始稳步探索适度规模经营，并尝试推动农业社会化服务以实现一定的规模效益。这一时期，国内土地托管的主要特点是与其类似的多种形式如土地转包、代耕代种等在局部地区出现，但没有统一的托管模式和相对配套的政策制度，且由于国家政策和实践的相对时间差异性与政策的谨慎性，土地托管类似形式没有得到国家的相对重视。不过随后几年在适度规模经营探索的初期，国家连续多次发布相关政策及"决定"发展适度规模经营，而土地托管作为农地规模经营的一种形式在随后农业生产发展的不同阶段都得到了不同程度的重视和探索。

（二）土地托管萌芽期（1988—2007 年）

自 1986 年首次提出发展"适度规模经营的种植专业户"开始，我国逐渐对"适度规模经营的种植专业户"加以重视，并以此为契机，大范围开始对农业适度规模经营的探索。1988 年通过《中华人民共和国宪法》修正案，确立了可以依法转让土地使用权。这一举措高度承认了"土地使用权"的合法地位，是我国在探索农业适度规模经营道路上的一个重要里程碑，也是土地托管萌芽期的政策性起点。1990 年 3 月，面对农业问题邓小平同志曾提出要发展适度规模经营及集体经济，并开启了以土地流转为主要形式的适度规模经营探索。1993 年 11 月，中共中央、国务院颁布《关于当前农业和农村经济发展的若干政策措施》指出，允许土地使用权依法有偿转让，这一政策明显表明要在稳定土地承包关系 30 年不变的基础上提出依法有偿转让土地使用权。同时，2003 年的《中华人民共和国农村土地承包经营权证管理办法》以及《中华人民共和国农村土地承包法》，2005 年的《中华人民共和国农村土地承包经营权流转管理办法》中都进一步完善并大力推动了农地规模经营的发展进程。此后，通过组建多种合作社等方式推进农地规模化经营，尤其是近几年的土地流转，可集约利用土地资源，提高农业生产的规模化、组织化水平和经营效益，使农业竞争力得到增强。1988—2007 年国内土地托管的主要特点是出台了大量政策推动适度规模经营，主要形式为通过土地流转、土地转包等形式向种地能手集中，从而实现农地规模经营。同时，由于国内第二、第三产业发展迅速，农村劳动力不断转移，农户兼业化状态也随之出现，再加上由于传统思想固化，大部分农户存在不赞同流转土地的观念，土地流转出现了一些问题。此时，土地托管的出现有效解决了此问题，但由于其发展不成熟、不规范，所以只在部分地区存在，且大部分都是自生自灭的状态。这一时期多地的实践经验表明，"小农户与大市场""小规模与现代化"之间存在大量矛盾需要解决，核心就在于要破解小农分散生产经营的旧有模式，大力推进农业适度规模经营。从长远来看，大力推动我国农业从传统分散的经营模式向专业化、组织化、社会化的现代农业经营体系转变，对于推动我国农业走出一条适度规模、产出高效、产品安全、资源相对节约、环境友好的现代农业之路具有重要意义。这一时期我国以探索适度规模经营合理路径为导向，引导出现了代耕代种、土地流转等多种土地规模经营形式，而类似于土地托管的服务规模经营因国内农业机械现代化水平不高、覆盖率较低等多种问题因素只局限于小范围区域。

（三）土地托管成长期（2008—2013 年）

2008 年的陕西薛拓托管公司是可查资料中第一个土地托管案例，且学术界普遍认可是其创造性地开展了土地托管这一模式。所以以 2008 年作为土地托管成长期的起点，自此全国开始出现大量土地托管的案例，大部分托管模式分为半托管和全托管两种情况。2009 年焦作博爱县喜耕田农机合作社、周口天华合作社等多种新型农业经营主体的出现，使土地托管在社会市场经济下经受考验并逐渐发展。这一时期国家以探索多种农业适度规模经营路径为线索，以土地流转为主要模式，同时加上多种其他方式的探索，如土地托管等新型发展模式，试图寻找一条适合中国国情的农业现代化道路。其间，国家关于适度规模经营和农业生产社会化服务以及"三权分离"下多种模式的探索逐渐频繁。国家正积极推进土地流转稳步前进探索合适的农地规模经营模式，但在土地流转发展过程中也出现了大量问题，如土地流转价格扭曲、以土地流转之名牟取暴利、大量流转土地因经营不当违约而撂荒等。土地托管与安徽省小岗村的"大包干"具有相似之处，都是基层农户为了解决所面临的问题，是人民群众智慧的结晶，都是经历了一定时期才得到国家的重视及帮持。虽然这一时期土地托管案例大量涌现，但是大部分托管主体不论是从管理上还是从技术上都有待完善，国家需给予重视。2008 年《关于切实加强农业基础建设进一步促进农业发展农民增收的若干意见》指出，支持发展农业生产经营服务组织，为农民提供代耕代种、用水管理和仓储运输等服务，意味着政策导向已经开始转向加强农业生产经营服务组织提供多种农业社会化服务，为今后服务规模经营打下了基础。同时，土地托管作为一种新形式的农业社会化生产服务逐渐得到农户的广泛关注，部分职业新农民等高素质农户在此时期开始形成农业新型经营主体实施土地托管。2008—2013 年，土地托管的主要特点是由于土地流转出现价格扭曲、土地流转后农地非农用和土地流转违约撂荒等多种问题催生了土地托管的成长。此时由于土地托管成效较好，达到了降成本、提效益、增产量等多种收益，国内多地出现土地托管案例，从而政府开始关注土地托管，并在初期对部分经营较好的地区进行了实地调研。有关土地托管实践案例有：2009 年 6 月，温家宝总理对长安土地托管情况进行考察，并给予高度认可；2013 年 12 月下旬，习近平总书记在中央农村工作会议上的讲话中指出，"土地托管、代种代耕以及土地银行等措施，保证了地有人种，这些办法都值得推广"。这是土地托管第一次在国家级重大会议上被国家领导人提及并认可，以此作为土地托管开始得到更加重视的分界线。

（四）土地托管完善期（2014 年至今）

2014 年"中央一号文件"首次提出土地托管式服务。土地托管，最早是在 2014 年中共中央办公厅、国务院办公厅印发的 61 号文件中提出并推广的。2014 年 1 月 19 日，中共中央、国务院印发了《关于全面深化农村改革加快推进农业现代化的若干意见》。该意见确定，2014 年及今后一个时期，要深化农村土地制度改革，以解决好"地怎么种"为导向加快构建新型农业经营体系。意见第四部分第 18 条指出：引导和规范农村集体经营性建设用地入市。在符合规划和用途管制的前提下，允许农村集体经营性建设用地出让、租赁、入股，实行与国有土地同等入市、同权同价，加快建立农村集体经营性建设用地产权流转和增值收益分配制度。第五部分第 23 条指出：健全农业社会化服务体系。稳定农业公共服务机构，健全经费保障、绩效考核激励机制。采取财政扶持、税费优惠、信贷支持等措施，大力发展主体多元、形式多样、竞争充分的社会化服务，推行合作式、订单式、托管式等服务模式，扩大农业生产全程社会化服务试点范围。2014 年 11 月 20 日，国家发布《关于引导农村土地经营权有序流转发展农业适度规模经营的意见》，积极推广农业生产托管以实现规模化生产，大力支持多种农业服务组织，推动供销社与经营主体对接，提高社会农业规模化服务水平，这是土地托管第一次被写入中央文件，表明土地托管服务已得到群众的肯定以及国家的重视。此后，土地托管逐渐走上规范化以及模式化，全托管、半托管不论从机械化程度还是从经济效益等都得到了相应的提高，新型农业经营主体的管理方式、运营机制也在探索中逐渐完善。从土地托管的历史演变来看，土地托管已在全国各地具有一定的实践经验，2014 年才写入中央文件，表明国家政策与社会实践之间具有一定的时间间隔。土地托管第一次被写入中央文件，得到真正意义上的政策支持。

2015 年"中央一号文件"强化农业社会化服务。2015 年 2 月 1 日，"中央一号文件"《关于加大改革创新力度加快农业现代化建设的若干意见》正式发布，重点关注新型农业经营体系构建。该意见第二部分第 11 条指出：强化农业社会化服务。抓好农业生产全程社会化服务机制创新试点，重点支持为农户提供代耕代收、统防统治、烘干储藏等服务。意见第四部分第 21 条指出：加快构建新型农业经营体系。

坚持和完善农村基本经营制度，坚持农民家庭经营主体地位，引导土地经营权规范有序流转，创新土地流转和规模经营方式，积极发展多种形式适度规模经营，提高农民组织化程度。

2016年"中央一号文件"正式提出土地托管。2016年1月27日，《关于落实发展新理念加快农业现代化实现全面小康目标的若干意见》发布。该意见第一部分第5条指出：发挥多种形式农业适度规模经营引领作用。坚持以农户家庭经营为基础，支持新型农业经营主体和新型农业服务主体成为建设现代农业的骨干力量，充分发挥多种形式适度规模经营在农业机械和科技成果应用、绿色发展、市场开拓等方面的引领功能。支持多种类型的新型农业服务主体开展代耕代种、联耕联种、土地托管等专业化规模化服务。第五部分第26条指出：稳定农村土地承包关系，落实集体所有权、稳定农户承包权、放活土地经营权，完善"三权分置"办法。2017年"中央一号文件"继续关注土地托管。2017年2月5日，《关于深入推进农业供给侧结构性改革加快培育农业农村发展新动能的若干意见》发布。意见第一部分第6条指出：积极发展适度规模经营。大力培育新型农业经营主体和服务主体，通过经营权流转、股份合作、代耕代种、土地托管等多种方式，加快发展土地流转型、服务带动型等多种形式规模经营。

2017年8月，农业部、国家发展和改革委员会、财政部联合印发《关于加快发展农业生产性服务业的指导意见》。该意见指出，农业生产托管是服务型规模经营的主要形式，有广泛的适应性和发展潜力。要总结推广一些地方探索形成的土地托管、代耕代种、联耕联种、农业共营制等农业生产托管形式，把发展农业生产托管作为推进农业生产性服务业、带动普通农户发展适度规模经营的主推服务方式，采取政策扶持、典型引领、项目推动等措施，加大支持推进力度。

2018年5月，农业农村部办公厅印发《关于认真做好〈农业部、国家发展改革委、财政部关于加快发展农业生产性服务业的指导意见〉宣传和贯彻工作的通知》，要求各地进一步宣传贯彻相关文件精神，为推动农业生产性服务业和农业生产托管发展营造良好氛围。

2019年，中共中央办公厅、国务院办公厅印发了《关于促进小农户和现代农业发展有机衔接的意见》，该意见第六部分第2条指出：加快推进农业生产托管服务。创新农业生产服务方式，适应不同地区不同产业小农户的农业作业环节需求，发展单环节托管、多环节托管、关键环节综合托管和全程托管等多种托管模式。支持农村集体经济组织、供销合作社专业化服务组织、服务型农民合作社等服务主体，面向从事粮棉油糖等大宗农产品生产的小农户开展托管服务。鼓励各地因地制宜选择本地优先支持的托管作业环节，不断提升农业生产托管对小农户服务的覆盖率。加强农业生产托管的服务标准建设、服务价格指导、服务质量监测、服务合同监管，促进农业生产托管规范发展。实施小农户生产托管服务促进工程。农业农村部办公厅、财政部办公厅印发《关于进一步做好农业生产社会化服务工作的通知》，要求重点支持粮棉油糖等大宗农产品，进一步聚焦农业生产托管为主的服务方式，进一步聚焦服务小农户和关键薄弱环节，提高资金使用效益，强化项目规范化管理，加强组织领导，确保政策落地生效。

2020 年，为贯彻落实党中央、国务院决策部署，加快培育新型农业经营主体和服务主体，依据中共中央办公厅、国务院办公厅印发的《关于加快构建政策体系培育新型农业经营主体的意见》《关于促进小农户和现代农业发展有机衔接的意见》等有关文件，农业农村部编制了《新型农业经营主体和服务主体高质量发展规划（2020—2022 年）》，其中鼓励各地因地制宜选择本地优先支持的托管作业环节，按照相关作业环节市场价格的一定比例给予服务补助，通过价格手段推动财政资金效用传递到服务对象，不断提升农业生产托管对小农户服务的覆盖率。

2021 年山东省出台了《山东省人民政府办公厅支持供销社深化土地托管服务增强为农服务能力的指导意见》（鲁政办字〔2021〕7 号），提出支持供销合作社改造提升为农服务中心，强化农资供应、农机作业、统防统治、秸秆利用、粮食烘干、农产品加工销售、农业技术培训等服务功能，打造土地托管服务平台。整合农业社会化服务力量，吸纳乡村能人、大中专毕业生等各类人才，加强农业技术培训，打造爱农业、懂技术、善经营的高素质农民队伍。

二、全国供销合作社土地托管发展概况

（一）供销合作社大力发展土地托管服务

农业现代化是中国现代化建设中的最大短板，能否补齐短板事关全面建设社会主义现代化国家的全局。在"大国小农"的背景下，中国农业现代化的难点是小农户与现代农业发展如何有效衔接，土地托管政策则通过扩大服务规模化的方式解决了这一难题。供销部门具有组织机构健全、为农服务实力较强、长期服务农民的社会基础，具备由"流通服务商"向"托管服务商"转型的天然优势。2014年以后，土地托管便与供销社综合改革试点联系起来，成为供销社综合改革的重要切入点。在顶层设计层面，土地托管作为供销社综合改革突破点的重要地位不断在政策上予以明确。2014年的"中央一号文件"提出"推行托管式等服务模式，积极稳妥开展供销合作社综合改革试点"。2015年中共中央关于深化供销合作社综合改革的政策文件，更是明确提出"供销合作社要由流通服务向土地托管服务延伸"。2020年习近平总书记对供销合作社工作作出了"牢记为农服务根本宗旨，持续深化综合改革，完善体制机制，拓展服务领域"的重要指示，土地托管作为供销社综合改革中"拓展服务领域"的重要内容，理应持续提升其发展质量。2020年《中共中央关于制定国民经济和社会发展第十四个五年规划和二〇三五年远景目标的建议》在"优先发展农业农村，全面推进乡村振兴"一节中明确提出要"健全农业专业化社会化服务体系，发展多种形式适度规模经营"。土地托管已经成为当今中国服务型适度规模经营的主要形式。供销社土地托管的探索实践关系到农业现代化发展和乡村振兴的全面实现。由此可见，中央政府对供销社开展土地托管工作寄予厚望。在项目支持层面，供销社获得了托管项目申请的"唯一性"资格，即只有供销社开展的土地托管项目才可以得到国家财政的支持。自2014年国家支持供销社开展以"为农服务中心建设"为核心的土地托管项目以来，仅2016年和2017年两年，国家农业综合开发土地托管项目资金总额就达到5.51亿元。在基层实践层面，供销社在各级政府的支持下，积极践行为农服务宗旨，大力发展土地托管，2019年年底，全国供销社系统土地托管面积达到10059.7万亩。截至2023年年底，全国供销社系统土地托管面积达到1.4亿亩。

（二）供销合作社开展土地托管服务的主要模式

土地托管是供销合作社最近几年开发的新业务，有效避免了农民外出打工造成的土地撂荒，同时又不改变土地的农户承包经营权，不改变土地的用途，通过服务规模化实现了农业经营适度规模化。土地托管服务分为"全托管"和"半托管"。全托管有流转式托管、订单式托管、参股式托管三种类型。半托管是一种菜单式托管，围绕代耕代种、统一浇水、病虫害统防统治、统一收获等关键环节提供社会化服务，根据不同的服务收取相应费用。

1."全托管"土地托管服务模式

"全托管"土地托管服务，又称"保姆式"托管服务。主要是为农户提供所有生产经营环节服务。一般情况下，委托和受托双方签订服务协议，事先确定种植作物及产量、服务项目、托管费用等信息。全托管服务对服务主体的能力和实力有较高的要求，需要整合农资、农机、农技等各类生产要素，对农民节支增收效果明显。主要是常年外出打工或无劳动能力的农户，将土地委托给托管组织全权管理，托管组织实行从种到收全程服务。全托管又可分为收益型全托和服务型全托两种。收益型全托是指农民将土地委托托管组织全权管理，托管组织每年给农民定额的租金或分红。服务型全托是产前、产中、产后的"一条龙"服务模式，托管组织收取服务费，并向农户保证达到定额的产量。

山东供销社在总结基层经验的基础上，试点推广"土地股份合作＋全程托管服务"新模式，服务带动农民组建土地股份合作社，整合土地，成方连片种植，叠加新型农机和新技术、新品种推广应用，提高农业科技含量和发展质量，示范带动小农户与现代农业发展有机衔接。因此，与传统的种地方式相比，土地托管是通过专业化服务组织来种地、引领农民以合作社的形式来种地、以先进的农业机械和科技手段来种地，从而深化了农业供给侧结构性改革，改变了碎片化的农业生产方式，促进了农业适度规模经营，为现代农业发展注入了新动能。

2."半托管"土地托管服务模式

"半托管"土地托管服务，又称"菜单式"托管服务。主要是为农户提供耕、种、管、收、烘干等某个或某些生产经营环节的服务，按实际作业项目结算服务费用。半托管服务相对灵活，也是托管服务的主要方式。例如邢台市内丘县供销社的"庄稼医院＋农户"模式，以农资公司为龙头，以传统的"农资供应＋测土施肥＋智能配药＋无人机飞防"为主，针对农业生产某一个或几个环节服务的菜单式半托管模式，服务价格比市场低10％—15％。

在"半托管"模式下，还有较为特殊的供销社授牌制下土地托管合作模式。因供销社组织长期下沉到乡村，取得了广大农民的信任，且有政企"双线运行机制"，易对接沟通国有企事业单位，有相应的政策支持，目前出现一种新的现象为，部分运营田园综合体的农业投资公司通过取得供销社托管授牌，间接获取供销社信用，通过合作共赢，服务土地托管业态。所谓供销社授牌制下土地托管合作模式主要的表现是农业投资公司与供销社达成框架性合作协议，由供销社授牌成立松散型土地托管企业，实质提供"半包"服务，为农业投资公司受托管的土地或租赁土地提供服务，供销社基于合作中的了解，协调金融机构为农业投资公司优先提供资金融通保障等工作。实质上，授牌是一种行政授权，授权者供销社对被授权者农业投资公司有指挥和监督的权力，被授权者对授权者有按要求完成任务的义务。对于供销社参与的土地托管组织来说，主要获得了提供机耕、育苗、收割、提供农资等方面的服务及收入，对于农业投资公司主要是获得专业的托管服务后能集中精力投资产品的运营，并易于获得融资，特别是季节性、临时性资金需求，更易获得政策性的优惠贷款。供销社与土地托管农业投资公司通过授牌开展合作，在现代农业生态园建设中取得了共赢，供销社的专业服务队获得了稳定的业务来源，土地托管农业投资公司获得了农户的信任以及一定的政策支持，该模式的实践效果为其他农业投资公司多渠道运营提供了借鉴意义。但这种授牌合作方式毕竟属于松散型的框架合作，运营中的绝对主导权还在公司，另外，供销社在政策支持公司和协调金融机构支持等方面还存在着法理学上的缺陷，因此如何更好地融合供销社与公司的关系，规避法律缺陷值得进一步加以研究。

（三）供销合作社土地托管服务成效

1. 首先提高了土地经营的规模化、提高了农业生产效益、科学化和专业化水平，有效实现了土地集中。在此基础上，合作社成立农机服务队实行专业化统一经营，有效地实现了专业化和规模化经营；此外，合作社还为其成员提供免费的技术培训，包括种植技术、机械使用等内容，以提高合作社的科学种植水平和农业生产效益。同时降低了农业生产成本，保证了农资质量。合作社上联企业、下接农户，并将分散状态的农户组织起来统一购买农资以及农机，减少了中间流通环节，提高了农户的市场地位和谈判能力。一方面降低了农资的价格从而降低了农业生产成本，另一方面也有效保证了农资质量。合作社提高了农民的组织化水平，提高了市场地位，有效地降低了生产成本，避免了风险。

2. 合作社通过土地托管方式帮助当地兼业农户种粮，促进了劳动力转移，带动了农民增收。在提高农户种粮收益的同时，为农户节省出更多时间从事非农就业，提高了农户的总收益，带动了农民增收，实现了合作社对入社农户"离乡不丢地，不种有收益"的承诺。从这个意义上讲，土地托管将农民再次从土地上"解放"出来，同时给农户带来了更多的收益。

3. 农田基础设施投资日益减少，增加了农田基础设施投资。现有基础设施破坏、老化严重，得不到有效维护是当前制约农业生产效益提高的重要因素。供销合作社在开展土地托管服务的过程中，十分重视农田基础设施建设，并为此投入大量的资金。农田基础设施建设投资的增加不仅改善了生产条件，也为现代农业生产技术作用的发挥创造了条件，提高了农业生产效益。

4. 合作社作为重要的农业基层经济组织，有效解决了"谁来种田"的问题。能够以专业化的方式解决农业生产经营问题。合作社成立专门的农机服务队、农技服务队和农资服务队，以其专业化和科学化经营水平不仅提高了单产，更重要的是回答了"谁来种田"的问题，通过组织制度创新的方式解决了当前农业生产主体的问题。提高农业规模化生产，实现农民增收，可以让农民在不离乡守护土地的情况下就业。

5. 带动了区域内农业发展方式的转变。通过开展土地托管服务，实施规模化经营、标准化生产，有力带动了区域内农业的产业化、组织化和园区化发展，加快向产出高效、产品安全、资源节约、环境友好的现代农业转型升级。

6. 通过开展耕、种、管、收等各个环节的产中服务，促进了农业增效、农民增收。不仅较好地解决了农业科技推广"最后一公里"的难题，也有力地促进了农业增效和农民增收。有供销合作社土地托管服务案例显示，通过土地托管服务，亩均可节支增效 400—800 元，经济作物增效达千元以上。

7. 土地托管后，加快了城乡统筹、一体发展。经营权仍在农民手中，既可保障他们安心外出打工获务工收入，也能享有农业生产带来的收益，从而有效释放了农村富余劳动力，加快了农民市民化、新型城镇化进程。

8. 供销社土地托管依托专业平台和专业化服务队伍，促进了农业科技推广应用。将新型农业机械、新技术、新品种推广应用融入服务之中，打通了科技推广"最后一公里"，实现了农业降成本、增产量、提质量。

9. 产业融合使多方受益，推动了第一、第二、第三产业融合发展。供销合作社作为土地托管的发起者，来自农业服务业，由供销合作社主导进行土地托管，其根本动力是第三产业与农业融合带来的高效益。通过土地托管服务，吸引农业龙头企业与供销社产权联结、融合发展，推动第一产业实现"接二连三"，使更多农产品附加值留在农村、富裕农民。

10. 农业适度规模经营适合我国国情，推动了农业适度规模经营发展。是实现农业现代化的重要途径。近年来，供销合作社通过自身独特优势和综合改革进行托管服务，依靠生产规模、经营规模的扩大，提供"一条龙"产业服务，将原来隔离的分段式农业生产逐步发展为全产业链的集约化生产，通过服务规模化实现了农业经营适度规模化。在推动农业适度规模经营当中发挥了重要作用。

11. 开展土地托管服务，增加了供销社经济收益。不仅使供销社农资经营等传统业务有了更加稳定的市场，而且在服务中得到合理的回报。同时，也促进了供销社基层组织体系向村居延伸，经营服务体系向田间地头延伸，使供销社在全托或半托服务中得到较高的经济收益。

12. 通过开展土地托管，促进了供销社改革发展。供销社找到了为农服务的突破口，搭建了服务平台，组建了服务队伍，增强了服务能力。通过服务，得到了党委政府和农民的肯定和支持，提升了供销社形象，加快了供销合作社改革发展步伐。

13. 为了更好地服务土地托管，推广了"为农服务中心"的建设。山东省供销社提出了"为农服务中心"的概念，而后全国积极学习相关经验。"为农服务中心"作为土地托管和农业社会化综合服务平台，逐步在全国推广建设。建立为农服务中心，整合市场主体服务，对土地托管经营活动进行监督和指导，在托管质量保证、帮助现有托管服务组织提升托管项目实施和过程中的管理能力、托管农户的权益保障等方面，都将起到很好的促进作用。

14. 供销合作社系统在生产托管服务中，助力农业绿色生态可持续发展，实现社会效益、经济效益、生态效益共赢。积极开展技术指导，引导农民科学施肥、科学防治，采取使用有机肥、配方施肥、高效无毒农药、秸秆还田等方式，逐步改善土壤结构、降低化肥农药使用量，走绿色环保农业发展之路。例如，襄汾县供销合作社组建了无人机飞防大队，2024 年春耕以来，利用 26 架喷肥洒药无人机，开展飞防作业面积达 20 万亩。植保无人机的投入使用可以节省农药使用，有效减少了农田土壤与水质污染，且作业时不会留下辙印和损伤作物，不破坏土壤物理结构，不影响作物后期生长，促进农业节本增效。

三、土地托管服务中存在的问题

（一）土地全托管实施难度大

土地全托管模式是将土地的整个生产过程全部托管，有些类似于土地流转，但属权不变。这就容易让部分农民产生疑虑和不安全的感觉，感觉土地有失去的风险。对于那些不是常年在外打工或者是劳动力丧失的农户，几乎所有农民不会选择全托管模式，这个问题具有相当的普遍性，说明土地托管服务宣传和推广还是没有取得农民本质上的认可。通过供销社基层调研发现，土地全托管模式很少见，除了有些常年在外打工或没有劳动力的农户将土地全程委托给合作社或专业服务公司外，大部分农户都选择部分托管模式来对作物进行委托管理。这种情况下，会在一定程度上影响土地服务经营的规模，各农户不同的、分散的服务要求，使作为土地托管主体的供销社在一些地区不能集中连片地进行农业生产经营，导致经营成本增加，经营收入降低，降低了土地托管主体的服务积极性。反向打击农民托管服务积极性，形成恶性循环。

究其原因，主要有以下几个方面：第一，具有劳动力的农户虽然前往城镇打工，但对于技术性低、难度小、消耗时间短的农业生产环节，还是希望能够由自己完成，以节省农业支出，增加农业收入；第二，年龄较大的农户还留有对土地的强烈情怀，不情愿将土地全部委托他人来管理；第三，部分土地耕作环节容易产生纠纷，农户不放心委托供销合作社来管理。以浇水环节为例，通过调研我们发现，大部分农户选择自己浇水而不委托合作社。一是因为浇水环节所需时间特殊、短暂，错过特定的浇水时间段就会对农业产量产生巨大的影响；二是农户担心委托他人来浇水会产生只做表面工作而不将耕地浇透的现象。

（二）托管服务中，供销社与各涉农部门联系不够紧密

我国有众多政府管理部门均与农业有所关联，比如原农业部、原林业部、原水利部、国土资源部、供销合作社联合社等，由于其各自的职责、分工不同，导致每

个部门仅关注自己部门所负责的相关工作，而不是从整个土地托管的全局角度出发，从宏观上理解、把握及具体实施作物托管的有关工作。供销社作为土地托管的先行者，与其他部门的联系还不够紧密、合作交流不够充分。

（三）土地托管主体竞争日渐加剧

土地托管服务的兴起，引起了各政府部门的高度重视及众多媒体的关注，各农业社会服务主体纷纷加入土地托管的服务体系中来，以占据一定的市场，争得相关的市场利益。作为土地托管的先行者，供销社在面对市场竞争时，势必会在一定程度上降低服务价格，减少所获取的利润。在保证服务质量的基础上，农业服务人员的利润减少会导致工作积极性下降，放缓进一步土地托管的进程，影响我国农业规模化的发展。

（四）农民对土地托管服务认可度不高

目前，农民对土地托管认可度还不够。生产托管对小农户的覆盖率较小，带动普通农户发展服务规模经营的力度不够大，部分农户对土地托管、联耕联种、代耕代种等新型农业生产性服务模式还不信任、不认可。很多农民不愿进行土地托管，主要是因为农村社会保障制度的不完善，我国城乡二元结构导致农村的社会保障体系与城镇有很大差距，很多农民依赖有限的土地解决自己和家人的医疗、教育等民生问题，土地就是他们生活保障的唯一根基。对于土地托管存在后顾之忧，特别是村内上岁数的农民，担心托管出去会失去自己的土地，尽管已经没有更多精力去种地，但宁肯把自己的土地撂荒，也不愿购买土地托管服务。

（五）土地托管服务呈现区域发展不平衡性

因受自然条件、地理位置、资源多寡等不同因素，以及各自区域的经济建设水平差异等影响，供销社在农村开展的土地托管服务呈现出明显的区域发展不平衡性问题，经济较发达和土地资源较好的村镇土地托管服务不管是托管数量还是服务质量，都明显好于其他地域，城市近郊地域的发展，由于受到城市经济发展的辐射，农民在收入结构方面更加多元化，土地托管服务意愿和需求较为强烈，托管后规模化经营也比较理想，托管关系比较稳定，能够实现托管主体和农民的双赢。而相对偏远一些的地域，土地托管服务不论是难度还是稳定性，发展都存在着不小的差异，托管服务主体，在规模化经营方面也受限于当地土地资源地理分布和土地质量等问题，出现不同程度经营困难。

（六）土地托管服务缺乏可持续的资金保障措施

土地托管服务是一项长期的大范围的土地活动，在土地托管服务的发展过程中的各个环节，都需要资金保障。在发展初期，资金的主要来源是由县级政府和县供销社提供的，后续各地政府可能会针对服务主体制订优惠便捷的金融贷款、补贴、奖金等方式来解决服务环节主体的资金压力。随着土地托管服务的不断推进，托管土地和服务主体越来越多，资金保障的压力就变得越来越大。目前，在解决服务主体资金保障措施方面依然是以政府投入和金融手段为主，社会力量的接入相对来说还不能成为主流。县供销社作为土地托管服务的总发起人和负责人，在资金保障方面一直是最重要的提供者。但是农村土地托管服务的范围越来越大，一个县供销社已经不能解决全部的资金问题，各乡镇社在资金方面的权限又有很大的制约，造成基层社的工作开展出现较大的资金问题，毕竟水利、电力、农机购买和维护费用对于基层社来说是一笔非常大的开销，如果在服务主体收益不是特别理想或出现较大自然灾害的情况下，在保障农民的收益后，会出现服务主体的入不敷出，这种现象就需要其他资金提供保障，稳定可持续的资金保障是对土地托管服务的扩大和持久发展的基础。

（七）土地托管服务面临多种风险

农业生产托管风险类型多样，包括自然风险、市场风险、社会风险，其中社会风险又包括经营风险和政策风险。自然风险和市场风险是现代农业生产必然面临的问题，虫害、洪涝灾害、瘟疫等自然风险是农业生产不可避免的风险因子，其风险性表现在两个方面。一方面表现为减产风险。2020 年新冠疫情发生，居家隔离的实施政策符合国家防控需求，但无疑也对春耕中农资供应、农产品销售产生了很大的影响，同时全国封锁也一度使各地农产品滞销，此外，疫情高传播风险与人类有限认知等外部环境对高规律性、低存储性、低连续性的农业生产造成进一步的冲击，更凸显了农业的易损性。另一方面表现为农业减产带来的衍生性风险。农业周期长、稳定性差等多种风险特性与农户所要求的稳产是相矛盾的，当农业生产遇到不可抗力因素导致产量减少时，由于定责难、定责不明确，农民很容易将减产原因归咎于托管组织，从而引发托管组织与农户之间的纠纷。市场风险包括价格波动、市场供需情况等，是农业经济环境最为直观的体现。例如，当农资价格普遍上涨时势必增加生产成本，此时托管组织与农户在农资供应上较难达成一致。疫情之下农产品价格普遍上涨，托管组织与农户又如何做好利益分配？面对市场带来的波动，托管组织与农户链接关系如何保持稳定？这些问题均考验着托管组织的市场应对能力。经营风险指托管方在农业生产托管中存在的经营管理问题，包括资金周转、与农户间托管摩擦等。

（八）供销社开展土地托管服务中面临技术和人才困境

尽管供销合作社目前的土地托管服务发展较为迅速，但由于技术和人才的缺乏，基层社土地托管服务的进一步发展受到制约。先进的农业生产技术是合作社提高经营效益的重要因素。随着经营土地规模的快速扩张，基层社需要将大批农业机械如收割机、播种机等投入生产过程，以进一步提高生产效率、降低生产成本，同时还需要投资建设"农业综合服务中心"，以提高供销社的综合服务能力。但是目前许多开展土地托管服务的基层社尚处于发展阶段，对专业人才吸引力不足。供销社开展土地托管服务过程中需要一批具备一定技术和经验、能够掌握先进农业生产技术的人才，然而现有技术和人才并不能满足提高效益的目标。

四、供销合作社开展土地托管服务建议

（一）完善土地托管服务体系

1. 近年来，以生产托管服务为重点加快服务方式创新。各地立足于各自产业特点和农户需求，在实践中探索出了丰富多样的农业服务方式。尤其是起源于山东的生产托管服务，将耕种管收等生产作业统一托管给服务主体，有效解决了传统小农户技术水平偏低、劳动力不足的难题，成为广受欢迎的创新服务方式。针对当前多数农村地区空心化、农村人口老龄化的现状，要把生产托管作为政策支持重点，引导服务组织根据不同地区、不同产业和不同经营主体的实际需求，发展单环节托管、多环节托管、关键环节综合托管和全程托管等多种托管模式，为农户提供保姆式、集成式服务，把小农户带入现代化生产轨道上。

2. 支持供销合作社以市场化手段开展经营服务，做强农业社会化服务企业。集中资源培育一批省、市、县级供销合作社出资的农业社会化服务骨干企业，重点发展全托管服务型、农产品加工营销型、农资联采直供型企业，加快现代企业制度建设，打造供销合作社为农服务主导力量。

3. 支持供销合作社改造提升为农服务中心，加强土地托管服务平台建设。强化农资供应、农机作业、统防统治、秸秆利用、粮食烘干、农产品加工销售、农业技术培训等服务功能，打造土地托管服务平台。整合农业社会化服务力量，吸纳乡村能人、大中专毕业生等各类人才，加强农业技术培训，打造爱农业、懂技术、善经营的高素质农民队伍。支持供销合作社在具备条件的县（市、区）建设一批县级农业服务平台，为各类农业经营服务主体提供信息技术、仓储物流、农资配送等综合性服务。

4. 深入开展"村社共建"，发挥村"两委"的组织优势和供销合作社的服务优势，推动服务网络向村居延伸。在联建农民专业合作社、共同开展便民服务等方面提升合作水平。推动供销合作社托管服务主体在村级建设土地托管服务站，促进服务功能向田间地头延伸。

5. 深入开展系统横向联合和纵向整合，加强系统联合合作。推行企业化运营、规范化管理、标准化服务，实现统一运作方式、统一农资供应、统一耕作标准、统一销售加工、统一融资保险，统筹推进种肥供应、深耕深松、机播机收、划片管理（田间管理）、统防统治、节水灌溉、秸秆利用、粮食烘干、产销对接、技术培训等10项重点服务，构建"三化五统十服务"机制，提升服务组织化程度和整体效能，打造为农服务"供销品牌"。

（二）提高土地托管服务水平

1. 提高规模化服务水平。供销合作社要进一步加强与家庭农场、农民专业合作社、农业服务企业等规模经营主体的合作，为规模化生产提供土地托管服务。试点推广"土地股份合作＋全程托管服务"新模式，引导农民在完全自愿的前提下，以土地经营权入股成立土地股份合作社，采取"保底收益＋盈余分红"分配机制，充分保障农民的土地承包权益，在不流转土地的前提下实现农业规模化经营，促进小农户与现代农业发展有机衔接。

2. 提高规范化服务水平，继续加强建设为农服务中心。随着土地托管规模的日趋扩大,托管服务组织增多,但许多服务组织缺乏相关农业服务经验,服务人员良莠不齐,造成土地托管质量无法保证,使农户直接遭受损失。另外,局部地区土地托管服务组织与农户信息不对称、缺少托管协议合同,造成托管没有法律约束力,产生经济纠纷,损害了托管农户的收益权。土地托管服务不规范,服务流程、标准、形式以及合同签订等管理问题亟须解决。实施县域城乡融合综合服务平台建设工程,发挥社有企业带动作用,依托县级社整合各类主体资源,建设县有运营中心、乡镇有为农服务综合体、村有服务站点的县域综合服务网络。选择一批县开展县域城乡融合综合服务平台建设,依托基层社打造功能完备、设施齐全、机制健全、运行高效的乡镇为农服务综合体。建立为农服务中心,整合市场主体服务,对土地托管经营活动进行监督和指导,在托管质量保证、帮助现有托管服务组织提升托管项目实施和过程中的管理能力、托管农户的权益保障等方面,都将起到很好的促进作用。开展产学研合作,根据不同地区、不同作物制定规范的生产标准和托管服务流程。发挥专业化服务优势,与农业农村等部门和科研院所联合推广农业新品种、新技术、新装备、新模式,提高农业科技含量,实现降成本、增产量、提质量。发挥供销合作社农资购销渠道优势,建立种子、化肥、农药集采、分、销体系于一体,减少化肥农药用量,提高农产品质量,促进农业绿色发展。

3. 加快推进土地由单环节托管、多环节托管服务,提高产业化服务水平。向农业生产全程服务延伸,向农产品加工、销售等第二、第三产业拓展。加强农产品产销对接服务,推广农产品订单生产、直供直销、集采集配等经营方式,推进农超、农企、农批等对接,加强仓储物流、中央厨房、农批市场等商贸流通设施建设,形成从生产到消费终端的服务链,提升农业产业化经营水平。

4. 助力解决农村劳动力缺失问题。通过引导土地流转、组织农民开展合作经营、统一购买社会化服务等方式,创造条件开展统一经营、统一服务,提高耕作效率,解决劳动力缺失问题。供销合作社要创新服务方式,通过代耕代种、提供关键环节服务等形式,开展精准化服务,在稳定农业生产、保障粮食安全中发挥积极作用。

(三) 实施培育壮大工程,依托综合服务平台加强土地托管服务管理

1. 供销合作社培育壮大工程紧紧围绕"改革强社、服务立社、夯基建社、以企兴社、从严治社",以密切与农民利益联结为核心,以提升为农服务能力为根本,以发展壮大基层社、健全基层组织体系、完善联合社指导服务体系和发挥社有企业支撑带动作用为重点，明确了夯实基层基础、创新体制机制、推进联合合作、推动高质量发展的目标任务和具体措施，反映了新形势、新任务对供销合作社的新要求，体现了加快建立适应社会主义市场经济体制机制的新理念，展现了破除制约自身发展深层次矛盾的新举措。

2.实施培育壮大工程是践行为农服务宗旨、服务乡村振兴战略的题中应有之义。习近平总书记明确强调，各级党委和政府要围绕加快推进农业农村现代化、巩固党在农村执政基础，继续办好供销合作社，要求供销合作社要坚持从"三农"工作大局出发，牢记为农服务根本宗旨，努力为推进乡村振兴贡献力量。实施培育壮大工程，是供销合作社践行为农服务职责使命的具体行动，是服务乡村振兴的责任担当，是满足城乡居民生产生活需要的开拓创新，是服务国家粮食安全、巩固"三农"战略后院的务实之举。

3.习近平总书记指出，实施培育壮大工程是夯实基层基础、密切联系农民群众的迫切需要。供销合作社要加快成为服务农民生产生活的综合平台，成为党和政府密切联系农民群众的桥梁纽带。基层社是供销合作社服务"三农"的出发点、落脚点和前沿阵地，是密切联系农民群众的"最后一公里"，也是"最先一公里"。培育壮大工程围绕"聚焦与农民利益联结更紧密"，明确提出加快推进基层组织建设提质扩面增效，打造综合服务平台，夯实为农服务组织基础，这为密切与农民组织利益联结找准了支点、明确了举措、给出了实招。要以实施培育壮大工程为载体，不断扩大基层组织数量，提升经营服务能力，建设综合性、规模化、可持续的为农服务体系。

（四）拓展土地托管服务空间

1.找准突破口和切入点，开展托管服务要因地制宜、量力而行、循序渐进，实现全面发展。开展土地托管服务是供销合作社综合改革的一项战略举措和常态性工作，我们不仅需要有决心、有毅力、有长性，更要有思路、有措施、有办法，各市县供销合作社要本着积极作为、因地制宜、量力而行、循序渐进的原则，着力解决好三个关键性问题：一要不断丰富托管服务内涵，土地托管服务不能局限于农资、农技服务；二要不断延长托管服务链条，要抓好农产品加工、营销渠道与网络平台建设，实现农产品"三产融合"发展；三要不断拓展托管服务空间，抓好合作金融平台建设，实现与专业合作社规模化经营的有效对接，真正做到生产、供销、信用"三位一体"全面发展。

2. 提升托管装备水平，扩大土地全托管规模。在制约土地全托管的浇水环节，时间要求比较紧，在返青阶段要把返青水浇足，早浇晚浇效果都不好。比如在山东部分地区，灌溉的水源有两种：一种是引黄河水进行灌溉；另一种是抽井水进行灌溉。由于这两个因素，每年浇水存在水源争夺的问题，农户之间易出现矛盾，也易与托管主体产生纠纷。在这种情况下，托管主体可与当地农户共同进行投资，对浇水装备进行改良和升级改造，满足农户对浇水的需求。

（五）加强基层社管理，健全托管服务与农民利益的联结机制

土地托管模式作为农业经营方式的突破创新，必须始终坚持农村土地农民集体所有制度，确保农户的土地承包经营权，坚持农户家庭经营的基础性地位，最终形成农地"集体所有、家庭承包、多元经营"的新型农业经营体系。做好土地托管服务，必须充分尊重农民意愿，按照农户托管自愿、利益共享、风险共担原则，引导推动农户自由、自愿选择参加土地托管经营模式，推进农业规模化经营。因此，土地托管一定要建立健全托管服务与农民的利益联结机制，真正落实把农民的利益放在第一位的要求。

培育实施载体，大力推进基层社改造，真正将基层社办成管理民主、运行规范、以农民社员为主体的综合性合作经济组织；完善服务功能，强化完善流通服务，引导推动基层社继续做好农资、日用品供应和农副产品收购服务，开展农资集采和产品统售，进一步强化流通功能；积极拓展生产服务，支持基层社开展土地托管、代耕代种、联耕联种、机播机收、统防统治等农业生产性服务。

强化基层社合作经济组织属性，推进土地托管服务。按照合作制原则加快完善基层社治理结构，广泛吸纳农民和各类新型农业经营主体入社，规范与农民社员的利益分配关系。总社制定出台基层社示范章程，在一批基层社落实示范章程，建立健全"三会"制度、按交易额返利和按股分红相结合的分配制度。推进薄弱基层社改造。总社制定出台基层社建设指南，指导各地综合考虑人口规模、产业发展、经济体量等因素，按照经济区域推进基层社建设，提升基层社整体发展质量和为农服务能力，推进基层社开展土地托管服务。

加强基层社集体资产管理，推动县级社建立健全基层社资产监管制度，创新监

管手段，严格人员管理，完善对基层社集体资产的监管机制。指导县级社加强对基层社集体资产的统筹管理运营，盘活基层社存量资产，通过功能提升、原地改建、异地新建等形式整合资源，推进乡镇为农服务综合体建设。规范农民和各类新型农业经营主体加入基层社的程序，允许多种方式出资与合作的制度安排普遍推行，农民入社的渠道全面打通。基层社治理结构逐步完善，合作制分配制度日益完善，惠农带农机制不断增强。

（六）强化供销社已有优势，充分发挥各级供销社作用

1. 各级供销合作社要发挥农资供应主渠道作用。农资供应中发挥为农服务主力军的作用，保供、稳价、方便、让利农民，主动对接，组织货源采取直销方式减少流通环节，把优质低价的农资送至田间地头，降低运营成本。并以农资供应服务为纽带，聚合更多经营主体开展土地托管服务。各级供销合作社要明确土地托管服务需求，统筹做好土地托管服务中的作业人员调配与机具配置保养维护，协调解决融资需求与物资供应保障等。在尊重农民意愿的基础上，有针对性地指导各类托管主体为农户生产提供个性化、精准化和公益性的便捷服务，全面满足农民的生产需要。

2. 各级供销合作社确保有关政策措施贯彻落地，应认真研究农田建设、玉米大豆生产者补贴、农机购置等方面的优惠政策，与相关政府部门沟通协调，为开展土地托管业务的农民专业合作社、农民专业合作社联合社申请专项补贴。对照《农业生产发展资金项目实施方案》关于"供销合作社承担农业生产社会化服务任务量不低于当地总任务量15％"的要求，积极组织申报针对土地托管服务面积的中央农业生产专项政策资金。发挥桥梁作用，落实系列强农惠农富农政策，为农业生产服务争取政策助力。

3. 发挥供销社已有优势，整合农业生产要素。供销合作社的土地托管主要为政府所引导，供销社既有组织化的优势，又有工业化的资源支持。以"农民外出打工，供销社为农民打工"为口号，把基层供销社、村"两委"、合作社、信用互助社"四位一体"作为供销社开展农业服务规模经营的总抓手，整合农资、技术等农业生产要素，与地方村"两委"进行合作，牵头成立专业合作社，把供销社的经营优势、服务优势与村"两委"的组织优势、信用优势进行完美结合，共同组织开展土地托管社会化服务，实现农民、村集体、供销社三方的互利共赢。

第五部分　"三位一体"综合合作改革专题研究

发展生产、供销、信用"三位一体"综合合作，是习近平总书记在浙江工作期间亲自部署和推动的重大改革举措。实践证明"三位一体"综合合作是培育新型农业经营主体、健全农业社会化服务体系、实现小农户和现代农业发展有机衔接的有效途径。2017年"中央一号文件"首次提出加强农民合作社规范化建设，积极发展生产、供销、信用"三位一体"综合合作。2021年"中央一号文件"明确提出开展生产、供销、信用"三位一体"综合合作试点。供销合作社积极推进"三位一体"综合改革，将其作为深化供销合作社综合改革的重中之重，因地制宜发展生产、供销、信用"三位一体"综合合作，加快打造为农服务综合性组织平台，促进农业农村现代化建设。各地对"三位一体"综合合作进行了积极探索和实践，以重庆市为例，重庆市政府全面推进"三位一体"综合合作改革，2024年重庆农合联数量将达到200个。

一、"三位一体"战略构想的提出

"三位一体"综合合作的最初构想源于习近平同志在浙江省委书记任上时推动的新型农民合作组织建设。2006年年初，"中央一号文件"提出"社会主义新农村建设"，时任浙江省委书记的习近平同志就在当年1月8日全省农村工作会议上提出了农民专业合作、供销合作、信用合作"三位一体"的构想，具体表述为"积极探索建立农民专业合作、供销合作、信用合作'三位一体'的农村新型合作体系，努力服务于社会主义新农村建设"。在12月1日全省推进试点的现场会上"三位一体"被进一步表述为："三位一体"是三类合作组织的一体化，也是三重合作功能的一体化，又是三级合作体系的一体化。"三位一体"综合合作的思想立意深远，浙江瑞安积极实践该思想，形成初步经验后，在邻省一些地方得到推广。习近平当选党的总书记后，在实地考察农业和农村工作时，继续不断思索农民合作的方向和路径。

2013年3月，在全国"两会"的座谈中，习近平同志回顾新中国成立60多年来农村先由分到合，再由合到分的过程，指出：当时中央文件提出要建立"统分结合"的家庭承包责任制，但实践的结果是，"分"的积极性充分体现了，但"统"怎么适应市场经济、规模经济，始终没有得到很好的解决。新世纪以来，沿海地区以及农业条件比较好的地方，在此方面都做了积极的探索，进行了有意义的实践，积累了一定的经验。

习近平同志在2013年12月，中央农村工作会议上明确提出："加快构建以农户家庭经营为基础、合作与联合为纽带、社会化服务为支撑的立体式复合型现代农业经营体系。"这一表述核心在于"合作与联合"。农户家庭是"合作与联合"的成员，社会化服务是"合作与联合"的内容，立体式复合型是"合作与联合"的具体形式。

习近平同志提出将"三位一体"作为农民合作的新形式和实现农民合作的新路径，并非回应短期问题的临时政策，而是立足农业经济和农村发展的根本处境，即农村市场化，而提出的农村改革的战略构想。他指出："随着市场经济的发展和农村改革的不断深化，一些影响农业和农村经济发展的深层次矛盾逐渐显现出来。一家一户的小生产经营方式不适应社会化分工、分业大生产经济发展规律的客观要求。"他在分析了农民在市场经济中的弱势定价地位后说："必须使分散的农民联合成为一个有机的整体，以形成强大的市场竞争力。"习近平同志在其博士学位论文中经过研究指出："要走组织化的农村市场化发展路子。"他提出："要发展农民的横向与纵向联合，强化农民合作经济组织的农产品销售职能，加强产后服务，把生产职能与流通职能融为一体，发展跨乡、县的地区联合，组建大规模的中心合作社或农产品销售集团，有计划、有组织、有步骤地发展多层次、多形式、全方位的农业社会化服务组织。"

走组织化的农村市场化发展路子，既是指农业产业的组织化，也是指农户通过合作组织形式得以利用和控制这些产业组织，从而真正使得农户成为农村市场化中的首要主体力量和农业产业化中的首要获益力量。这和以往的专业大户、涉农企业、雇佣农业工人的家庭农场中大户、企业主和农场主获得大部分利润的农业经营形式截然不同，是农户经营走向集约化和规模化新阶段的新道路。在习近平同志的论述中，贯穿着纵横联合、融为一体，跨乡、县的地区联合，多层次、多形式、全方位等思想,已经为"三位一体"综合合作的具体设想做好了铺垫和准备。

二、"三位一体"综合合作的理论基础

将农民合作社、供销合作社、农村信用社、农业企业等经济组织联合起来,建立生产、供销、信用"三位一体"综合合作组织,是顺应合作经济发展规律、促进农民合作经济组织发展壮大的创新举措,是深化供销合作社改革和农业生产经营管理体制改革的综合载体,是建设现代农业经营体系、走农民共建共享农业现代化和城乡发展一体化道路的客观要求,是健全政府主导、市场决定、社会协同"三农"治理体系和推进国家治理体系、治理能力现代化的重要内容。

当前,农民合作社、供销合作社等农民合作经济组织在现代农业发展中的地位和作用越来越突出,但产权关系松散、服务功能单一、竞争实力弱小、利益联结不紧等问题比较突出,难以适应日益成长起来的新型农业经营主体对覆盖全程、综合配套、便捷高效农业社会化服务的迫切需求,难以适应日益富庶起来的农民群众对多层次、多样化、便利化生活服务的迫切需要,必须通过深化改革,扩大农民合作经济组织的横向合作和纵向合作,加快农民合作经济组织联合发展。

一是"三位一体"综合合作可提高农村市场化的组织化程度。农村市场化体系包括农产品流通市场化、农业生产要素市场化、农业信息市场化、农业技术市场化等。农村市场化必须要有农民组织化作为载体。组织化是市场化的细胞。目前我国农村组织化建设中存在的突出问题是真正的农民组织很少,组织与组织之间的藩篱较多。要建立真正能将农民纳入其中的组织,使农民生产、生活都有组织保障,以组织为单位采取市场行为,使决策更准确、更科学、更有效。农村已有的供销合作社、农民专业合作社、农村信用社彼此之间仍有藩篱,例如,农民专业合作社到金融机构贷款,包括农村信用社,仍是大难题。虽然农民已经进行了组织,但组织与组织之间还没有融合发展,三类组织没有打通合作关系。"三位一体"综合合作既可使农户合作得更紧密,也可让合作组织相互认可、相互融合、相互促进。

二是"三位一体"综合合作可提高对小农户的覆盖率。农业社会化服务体系要面临的农业经营主体多数是小农户,而且产品多为大宗农产品。在市场化条件下,多元化服务主体之间必然展开充分的市场竞争，以实现服务主体的足够利润。购买社会化服务较多的是专业大户、家庭农场、合作社和农业企业等实力较强的经营主体。小农户则相对处于弱势，没有足够资金购买社会化服务。也就是说，市场化条件下，社会化服务体系必然不能做到覆盖小农户。社会化服务体系让新型农业经营主体获益较多，而传统的小农户则会被日益边缘化。这也限制了小农户经营实力和收入的提高。

三是"三位一体"综合合作可进一步提高规模经济效应。由于当前农村大户、农民专业合作社，甚至涉农企业，其生产规模都很小，不足以支撑可观的服务环节规模经济。我国家庭农场平均规模 100—200 亩，相当于日、韩和我国台湾地区的普通农户。农民专业合作社普遍存在小、弱、散的问题。而涉农企业，除了涉足经济作物，多数也是在农户弱小的既定结构下，通过家庭农场、合作社和农户衔接，通过不平等的市场价格地位谋取服务环节利润。服务体系通过市场关系和这样参差不齐的经营主体结构对接，交易成本较高，一方面很难有长远的经营思想，另一方面也只会尽量多赚利润，不可能帮助农民分享服务环节利润。这种社会化服务体系中的各种服务主体，也不可能充分专业化，因为不能找到足够数量标准化的农户，也受制于市场范围，不可能达到充分规模。各类服务主体之间也很难发展成有机的体系。由于现有社会化服务体系无法有效服务小农，我国要实现的粮食安全、农民增收和农业现代化目标，就必须通过综合合作来组织小农户。

四是"三位一体"综合合作体系内部可以实现统分自然结合。家庭经营层次提升水平和统一经营有效提供服务的转变同时发生，必须创立这种共生转变的体制。这种共生转变的本质就是促使统分两个层次相互推动，促进农户经济的组织化。实行以农户为主体、让农户自己为自己服务的合作组织。在这种合作组织中，首先要确保绝大多数中小农户要进入，不仅要在生产环节和技术服务环节进行合作，还要在流通、金融等农业产业全链条上进行合作。只有让足够数量的小农户按照合作制原则组织起来，才会形成一定区域内足量的服务需求，扩大服务体系利润，小农户因为组织化优势和合作制原则可以分享服务环节利润，使得小农户可以逐步成长，确保可以获得社会平均利润。在这样的"三位一体"的综合合作体系内部，统分自然结合。农业经营的统分结合应该采用内生力量、组织内部的结合，才能最大限度节约交易成本。而且，统分层次的联合，离不开国家创设的制度环境。也就是说，当前在分和统两个层次上的工作，应该是以统带分，最终实现统分有机结合。

"三位一体"综合合作是完善我国农业生产关系、农村经营管理体制的重大创新，也是实现乡村振兴、农业农村现代化的有效途径。发展"三位一体"综合合作，打造新型合作经济体系，能够更好地提高农民组织化程度，促进生产、流通、金融各类资源要素良性互动融合，进行集约化配置，促进第一、第二、第三产业紧密联动、协同发展，实现农业产业链的延伸、农业生产效率的提升和农民增收致富。

三、"三位一体"综合合作的性质定位、功能和治理

1. "三位一体"农民合作经济组织联合会（农合联）的性质定位

农民合作经济组织联合会简称农合联，是在党委政府领导下，以为农服务为宗旨的社会团体，实行农有、农治、农享。农合联为非营利性社会团体，由民政部门注册登记，接受农村工作综合部门管理。农合联是党和政府密切联系农民群众的桥梁纽带，是农民群众向党和政府反映农情民意与服务需求的有效渠道，是党和政府为农民合作经济组织与农民提供公共服务的重要依托，是农民合作经济组织和农民自我服务、自我发展、自我教育、自我管理的综合平台。

2. "三位一体"农民合作经济组织联合会（农合联）的成员组成

农合联原则上按行政层级设置，以县、乡镇两级为重点，逐步形成省、市、县、乡镇四级组织体系。乡镇级农合联成员组成为：辖区内农民合作经济组织（包括农民合作社及联合社、行业协会等，下同）和规模较大的家庭农场、合作农场等新型农业经营主体；辖区内具有为农民合作经济组织和农民提供生产生活服务功能的涉农企事业单位（包括农业科研推广、农业生产性服务、农产品加工流通、农资购销、金融供给等组织和企业，下同）；其他相关组织和个人。跨乡镇经营服务的农民合作经济组织、新型农业经营主体、涉农企事业单位可在主要经营服务地所在乡镇加入农合联，规模较大的可直接加入县级农合联。省、市、县级农合联成员组成为：辖区内下级农合联；辖区内跨次级行政区域经营服务规模较大的农民合作经济组织和新型农业经营主体；辖区内跨次级行政区域经营服务的涉农企事业单位；其他相关组织和个人。

3. "三位一体"农民合作经济组织联合会（农合联）的组织功能

自农村实行以家庭承包经营为基础、统分结合的双层经营体制以来，"分"的

层面彻底，"统"的层面相对不够。因此，农合联目前主要应在加强农业农村社会化服务上做文章。具体地说，各级农合联的基本服务功能为生产服务（技术推广、生产性服务、农产品加工等）、供销服务（农资供销、农产品营销、消费品流通等）、信用服务（资金互助、保险互助、融资担保等）。同时，农合联可受政府及涉农部门委托或购买，承担部分公共服务、政策执行、农情调查等具体实施工作；还应做好与本级政府沟通和向本级政府、上级农合联反映农情民意提出政策建议等工作。各级农合联的经营性服务功能实行实体化运作，作为会员的农民合作社及联合社、行业协会、农业企业等实体承担和实施。从构建"三位一体"农民合作经济组织体系的角度讲，乡镇级农合联主要承担具体服务事项的组织实施，县级农合联主要承担聚合服务力量、配置服务资源、生成服务功能、运作服务事项等职责，省、市两级农合联主要承担组织建设、制度建设、发展规划、运行管理等职责，并提供下级农合联难以提供的服务。

4. "三位一体"农民合作经济组织联合会（农合联）的治理结构

农合联实行民主管理。农合联成员（代表）大会是最高权力机构，选举或罢免农合联理事、监事和出席上级农合联成员（代表）大会的代表，议决农合联的重大事项。在农合联成员（代表）大会休会期间，农合联理事会负责执行成员（代表）大会决议，监事会负责监督理事会执行决议和财务。

农合联坚持以农民合作经济组织为主体。各级农合联成员（代表）大会的代表、农合联理事会和监事会的成员应有2/3以上为农民合作经济组织的代表。农合联理事会实行独立理事制度，由独立理事客观评价农合联的运营和管理状况。农合联中涉农企事业单位会员不享有选举权和除监事以外的被选举权。

县级及县级以上农合联实行"议行分立"。农合联理事会聘任执行委员会领导班子，执行委员会领导班子聘用工作人员。执行委员会人员可参选理事会理事，但人数不超过理事会理事的1/3。执行委员会一般依托同级供销合作社联合社执行管理机构组建，也可依托其他组织组建，还可由理事会直接向社会聘任人员组建。

乡镇级农合联一般实行"议行合一"，规模较大的也可实行"议行分立"。乡镇级农合联的服务平台可依托乡镇农业公共服务中心（农技推广机构）组建，也可依托其他组织组建。辖区内农民合作社数量不多的乡镇，可由两个或多个乡镇合建农合联，也可由县级农合联在乡镇设置派出机构。

5. "三位一体"农民合作经济组织联合会（农合联）的制度设计

组建资产经营公司和设立农民合作基金是"三位一体"农合联的典型制度设计。省、市、县三级农合联组建资产经营公司，一般由参加农合联的同级供销合作社联合社、涉农国有企事业单位和其他会员合股组建，也可由供销合作社联合社单独组建。农合联资产经营公司出资各方的出资人权益不变，按出资额履行出资人权利和义务，不得违法违规平调、侵占财产。农合联资产经营公司对下属全资、控参股企业依法行使出资人权利。农合联执行委员会根据需要，可成立资产管理委员会，按照理事会授权，建立资本经营预算制度，并接受审计机关和同级财政部门的监督。

省、市、县三级农合联设立农民合作基金。基金来源主要是：原始基金；农合联资产经营公司按不低于20％的比例上缴的年度资产收益；政府提供的扶持资金；财政奖补收入；社会各界捐赠捐款；其他合法收入。基金主要用于农合联的为农服务事业，并优先用于建立和补充农村合作金融风险补偿资金。农民合作基金的闲余资金，可按农民合作基金章程和相关规定采取保值增值措施。

四、供销合作社推进"三位一体"综合合作的探索和实践

2006年12月开始，供销合作社系统开始积极探索实践"三位一体"综合合作，特别是浙江省供销合作社先动先行，在多个市县进行了"三位一体"综合合作改革试点，为"三位一体"综合合作事业作出了重要贡献。在2017年"中央一号文件"的号召下，供销合作社"三位一体"综合合作实践探索愈加深入。

2024年，"三位一体"综合合作从提出到探索实践已经走过18个年头。为把习近平总书记倡导描绘的发展生产、供销、信用"三位一体"综合合作的科学构想付诸实践，各级党委、政府重视发挥供销合作社引领农民专业合作社的传统优势，充分利用供销合作社辐射城乡的组织体系和流通网络，支持供销合作社与农民合作社、信用合作社等开展多种形式的联合合作，创新发展现代农业综合服务体系。各地供销合作社在探索发展"三位一体"综合合作实践中，形成了浙江、山西、内蒙古、四川、云南等地在党政主导下依托供销合作社打造综合性农民合作经济组织联合会等社会组织开展综合服务；江西、江苏、陕西、甘肃等地依托供销合作社组建综合性农民合作社及联合社开展综合服务；河北、山东等地依托供销合作社整合资

源开展综合服务；重庆、贵州、河南等地以供销合作社为枢纽推进农民合作社、供销合作社、信用合作社"三社融合"发展、打造综合服务网络；湖北、湖南等地依托基层供销合作社和农村综合服务社等平台嵌入各方资源提供综合服务等多种实现形式，整合了涉农部门、供销合作社、农民合作社、金融机构等各方资源，打造了综合服务平台，促进了新型农业经营主体健康发展。

表 1　供销合作社"三位一体"综合合作的最初探索事例

省份	时间	重要事项或相关文件	重要举措
浙江省	2006 年 12 月	浙江省发展农村新型合作经济工作现场会（瑞安）	时任省委书记习近平在会上指出"三位一体"综合合作构想
浙江省	2014 年 4 月	综合改革试点	浙江省在慈溪、上虞等 7 个县开展深化"三位一体"改革试点
浙江省	2015 年 9 月	浙江省委、省政府印发《关于深化供销合作社和农业生产经营管理体制改革构建"三位一体"农民合作经济组织体系的若干意见》	在浙江省全省构建"三位一体"农民合作经济组织体系，余姚等 20 个县（市、区）开展深化"三位一体"改革试点
浙江省	2017 年 9 月	《关于深化浙江省供销合作社综合改革构建"三位一体"农民合作经济组织体系的实施意见》	大力构建"三位一体"农合联组织体系，创新联合社治理机制
贵州省	2016 年 7 月	贵州首个"三位一体"新型供销合作社在修文县成立	"三位一体"与"三变"结合
山西省	2018 年 5 月	《关于在县级开展"三位一体"综合合作试点大力推动乡村振兴战略的实施方案》	组建农合联，培育形成"三位一体"服务示范典型

续表

省份	时间	重要事项或相关文件	重要举措
黑龙江省	2018 年 9 月	哈尔滨市首个农村生产供销信用"三位一体"合作社在方正县会发镇正式组建成立	打造合作经济组织与农业企业的联合与合作
安徽省	2018 年 7 月	阜阳市五十铺供销合作社创新发展"三位一体"服务	供销合作社开设信用互助部
重庆市	2024 年 5 月	《关于推进生产、供销、信用"三位一体"改革构建新型为农服务体系的实施方案》	构建新型为农服务体系

从具体实践来看主要有三种模式。

1. 供销合作社系统引领农民发展"三位一体"综合合作

河北、江苏、山东、重庆等地供销合作社开展了这类实践探索。在生产环节，由供销合作社系统的农资、农副产品经营企业和基层供销合作社牵头领办各类农民专业合作社，带领农民开展生产合作，实现规模经营。在流通环节，供销合作社通过本系统的农村连锁网络终端、农村综合服务社、农民专业合作社供销部等，引导农民开展消费合作，以优惠价格向农民供应生产生活物资，统一销售农产品。在资金环节，供销合作社出资兴办农信担保公司、小额贷款公司等小微金融企业，一头与正规金融机构对接合作，一头面向农民专业合作社等经营主体发挥中介平台作用，开展涉农小额信贷服务。同时在领办的农民专业合作社中，选择有条件的开展内部信用互助业务。

重庆市供销合作社坚持新发展理念，充分发挥供销合作社独特优势，紧紧围绕全市乡村振兴战略行动计划，全面深化综合改革，构建为农服务"五大体系"，加快建设服务农民生产生活的生力军和综合平台。

（1）构建为农服务组织体系

在基层社恢复重建的基础上，加快建设以农民为主体的综合性合作社，密切与农民的利益联结。建设农资经营网点、电商服务站、庄稼医院等，发展特色农业和初加工产业等，在促进乡村产业振兴中壮大基层社。把基层社建设与供销社业务发展结合起来，依托供销社在拓展经营服务阵地中做强基层社。

（2）构建农业社会化服务体系

探索适应不同地区、不同作物生产特点的多种社会化服务形式，促进农业适度规模经营。注重培育各类专业化市场化服务组织，提升小农生产经营组织化程度。推动农资企业扩大高效、环保、新型农资产品供给，加快农资物联网和质量安全追溯体系建设。积极发展乡村旅游、休闲农业、文化体验等新产业新业态，促进第一、第二、第三产业融合发展，让农民更多地分享全产业链增值收益。

（3）构建农村现代流通服务体系

加强农产品市场体系建设，开展各种形式的产销对接，形成长期稳定的产销关系。进一步优化市场网络布局，提升冷链物流、信息服务等功能，构建联结产地到消费终端的农产品市场网络。加强农村电商平台建设，重点发展满足本地居民消费需求的电商业务，打造供销电商"本地生活品牌"。加强基层物流配送网络建设，建设乡镇物流配送站、村物流配送点，打通农村电商服务的"最后一公里"。

（4）构建农村合作金融服务体系

加快形成小额贷款、融资担保、基金及基金管理、农业保险、供应链金融等业态的农村合作金融服务平台。将重庆农信投资公司打造成系统的融资融债、农村创新金融服务平台，推动重庆供销合作发展基金正常运行，实现农业与资本市场连接，积极参与中国供销财产保险公司筹备工作。推动全市供销系统金融服务业态整合升级，采取共同设立子（分）公司、办事处、工作站等方式，拓展各类农村金融服务业务。

（5）构建农村综合信息服务体系

利用互联网、物联网等信息化手段，发挥供销合作社在农村信息工作中的作用，畅通生鲜农产品供应信息上行、农民生产生活需求信息上行和农业综合信息下行渠道。以重庆农村大数据公司为平台，推进农村信息化数据云平台建设，打造数据采集、发布中心。以农民合作社服务中心、基层社和农村综合服务社为区县载体，加强镇村网点的信息化改造，培育一批高质量的农村电商和综合信息发布网点，打造供销系统为农服务体系信息融合、信息互通、信息共享的终端模块。

2. 推进"三社"业务协同，开展"三位一体"综合服务

2016 年 3 月 25 日，贵州省供销社为充分发挥供销合作社在统筹城乡、精准扶贫、全面建成小康社会进程中的重要作用，发布了《关于加快推进"三位一体"新型合作社建设的实施意见》，提出要通过开展农村合作金融和领办创办农民专业合作社，实现生产合作、供销合作、信用合作的"三位一体"，推动供销合作社由传统流通服务向全程农业社会化服务延伸融合多元发展，向全方位城乡社区服务拓展，着力把基层供销合作社打造成为与农民利益联系更紧密、为农服务功能更完备、市场化运行更高效的新型合作经济组织和综合服务平台，更好地在发展现代农业、提高精准扶贫实效、加快同步小康建设中发挥独特优势，成为服务"三农"的主力军和打赢扶贫攻坚战的生力军。"十三五"期间在全省重点打造"三位一体"示范性新型合作社 100 个，"三位一体"新型合作社总数达到 1000 个以上，带动发展农民专业合作社 10000 个，吸引 100 万名以上农民入社，发展当地特色优势产业，精准带动 10 万户，共 40—50 万名贫困人口脱贫致富，其中 2 万名贫困人口实现小康，为"大扶贫"战略作出大贡献。

贵州省供销合作社将基层供销合作社、社员股金服务社、农民专业合作社有机结合起来，实行三块牌子、一套人马。基层供销合作社负责农资供应、技术服务和产品销售；社员股金服务社负责调剂生产所需资金；农民专业合作社负责组织农民生产加工，助农增收。"三社"既独立核算又互相支持、互相配合，形成相对闭合运行的有机整体，将农业生产、加工、销售各个环节串联起来，将基层供销合作社的流通优势、社员股金服务社的资金优势和农民专业合作社的生产优势有机结合起来，为农民提供全产业链服务，形成与农民联结更紧密的利益共同体。

2017 年 5 月 9 日，联合州农委、贵州农村信用联社黔东南审计中心出台了《关于探索培育生产合作、供销合作、信用合作"三位一体"新型合作社建设的实施意见》，结合农业供给侧结构性改革和"绿色黔东南·有机第一州"战略，围绕破解"谁来种地、地怎么种"的问题，按照"强龙头、创品牌、带农户"的要求，以农民、贫困户为重点发展对象，通过共同出资、共创品牌、共享利益的方式，新领办、参办、创办农民合作社，发展产业基地。打造供销数据经济新亮点，围绕"大数据"战略和"整合产业和产品、打通最后一公里"思路，利用供销社现有的经营网络设施，加快推进基层网点进行信息化改造、推进"互联网农产品流通"模式，推动连锁化、规模化、品牌化经营，逐步形成网上交易、仓储物流和终端配送一体化经营格局。以"社员股金服务社＋农民合作社＋贫困户"的发展模式，重点把贫困户、农民和农民合作社纳入社员股金服务社，实现融合发展、抱团脱贫，推动扶贫脱贫工作取得实效。按照省社的创建要求，加强工作督查和调研，积极发展示范社。

自2017年以来，贵州供销系统共创建省级"三位一体"新型合作社11个（台江中心社、黎平中潮、麻江贤昌、凯里炉山、黄平旧州、天柱凤城、雷山西江、剑河岑松、丹寨兴仁、锦屏敦寨、台江南宫），州县级新型社48个，全国供销社系统共发展合作社506个，合作社入社农户1.75万户，带动贫困户2117户；完成土地流转2.29万亩，土地托管1.18万亩，建设了茶叶蔬菜、蓝莓、荷花莲子、中药材等20个农产品生产基地。有力地促进了区域经济发展、农业增收，为新时代的"三农"工作和实施乡村振兴战略作出了积极贡献。

3. 党委、政府牵头打造"三位一体"新型合作体系

2014年，浙江省供销合作社在7个县市区开展试点。明确提出"农合联"定性为党委、政府领导下的非营利性社会组织，以为农服务为宗旨，实行"农有、农治、农享"，是介于政府与市场主体之间的社会服务综合体，设置省、市、县、乡镇四级组织体系，主要提供生产、供销和信用服务。浙江从供销合作组织体系及服务机制入手，对供销合作社进行深化改革；各涉农部门事业单位的经营性服务事项则将逐步剥离，以委托或购买方式将涉农公共服务事项转由农合联或其他主体承担；浙江引导农合联体系内部的农村合作金融组建农民资金互助会，为农民提供资金互助服务，为保障运行，省、市、县三级拟组建农民资金互助会联合会，承担农民资金互助会的资金余缺调剂、运行安全监管、资金保值增值、风险防范救助等职责。浙江通过几年的努力，完成了分类试点和分批改革任务，在全省构建起了生产、供销、信用"三位一体"农民合作经济组织体系及有效运转的体制机制。2015年，浙江省委、省政府印发《关于深化供销合作社和农业生产经营管理体制改革构建"三位一体"农民合作经济组织体系的若干意见》，明确了"三位一体"改革的指导思想、目标任务、基本原则、主要举措和保障措施。2016年所有市县全面铺开改革，自下而上全面构建农合联组织体系。

浙江省由各级党委、政府牵头推动，依托供销合作社组建农民合作经济组织联合会，整合涉农部门、供销合作社、农信机构、新型农业经营主体等各方资源，打造生产、供销、信用"三位一体"新型合作体系。2017年8月22日，浙江省农民合作经济组织联合会（以下简称农合联）在杭州诞生。至此，浙江在全国率先自下而上全面构建了省市县乡四级农合联体系。截至2017年年底，浙江省已全面完成了省市县镇四级农合联组织构建工作，全省共创建各级农合联组织886个，其中省级1个、市级11个、县级83个、乡镇级791个，共吸纳会员51954个，全省共有16760个合作社、3096个农业龙头企业、8171个家庭农场，以及97个植保中心和624个农业专业协会，成为各级农合联会员单位全省较规范的农民合作经济组织和涉农服务组织（企业）基本加入了各级农合联。县以上农合联设立执委会，依托同级供销合作社联合社组建，涉农部门事业单位的经营性服务事项优先由农合联承担，涉农公共服务事项以委托或购买方式转由农合联或其他主体承担。农合联普遍建立农民合作基金和资产经营公司两项制度，整合利用政府涉农部门、供销合作社、农信机构和其他农合联会员资源，建立现代农业、城乡商贸、农村金融三大服务体系，为会员单位和广大农户提供便捷优惠服务。

浙江省在构建"三位一体"合作组织体系（即农合联体系）时，主要有以下较为鲜明的路径：

（1）依靠政府强势推动的瑞安实践

瑞安是浙江"三位一体"综合合作的发源地，是行动团体自上而下强力推进的实践典型。浙江省于2006年率先在瑞安开展"三位一体"农村合作协会的试点。同年，全省在瑞安召开现场会，总结并推广瑞安经验。在后来的农合联推进中，瑞安供销社、合作社、专业大户等行动主体结合当地实际，围绕优势产业，打造服务平台，呈现出鲜明的市场性、服务性和平台性的特点。

（2）通过政府职能转移的义乌实践

其特点在于彻底打破各种部门的藩篱，将牵涉农合联的资源、职能、功能等分割整合，重构农合联组织，使得农合联的定位、功能、属性等与供销社脱离，相对独立地开展服务职能。这种较为彻底的制度变迁路径有赖于特殊的政策环境和契机，当时正值省政府全面启动和推进义乌政府职能转变和机构改革工作，因此其农合联建设工作得以与政府职能转变和机构改革工作同步推进，比较彻底地完成了农合联的构建。

（3）紧密依托供销社体系的上虞实践

上虞供销社是浙江省为数不多的组织结构和社有资产保留完整的县级供销社，

该供销社现有 10 家基层供销社、15 家直属企业、干部职工 8600 多人以及资产总额 30 多亿元。该供销社完整的体系和深厚的资源是农合联良好运行的保障。

浙江省其他大部分地区的实践路径，从政府推动力度来看，大多达不到瑞安的程度；从依托供销社程度来看，大多虽在体制上依托供销社来架构组织和实现功能，但在供销社托底农合联的能力上都无法达到上虞的程度；从职能转移程度来看，大多数地区只有少量职能转移，甚至还未进行职能转移，难以像义乌农合联那样。不难看出，即使供销社发展走在全国前列的浙江省，在供销社近些年企业化趋势明显、非农化经营显著、组织基础相对萎缩的现实情形下，农合联的构建也必然是一个逐步构建、做实、完善的过程。

第六部分　全国供销合作社电子商务发展研究

在 2024 年中国农产品电商高层研讨会上,商务部把 2024 年定为促进消费年,农产品电商责无旁贷,要发掘农产品电商新动能,创新农产品电商新模式,为扩内需促消费战略做出新贡献。

供销合作社发展电子商务具有独特优势,不仅具有庞大的实体网络,还拥有供销系统的组织资源和国家财政支持。2022 年"中央一号文件"对农村电商领域提出新举措——实施"数商兴农"工程,这一工程的实施将对供销合作社进一步发展农产品电商起到良好的推动作用。2023 年"中央一号文件"提出,持续深化供销合作社综合改革,全面推进县域商业体系建设。2023 年 2 月 27 日,中共中央、国务院发布《数字中国建设整体布局规划》等,是我国农产品电商进一步发展的指导政策。2024 年 3 月,商务部、供销合作总社等 9 部门联合印发《关于推动农村电商高质量发展的实施意见》(以下简称《意见》),引导农村电商实现数字化转型升级,助力农民收入和农村消费双提升。

一、农村电商的发展阶段

我国农村电商发展进程大体可分为三个阶段。

(一) 2005—2015 年,农产品电商进入起步阶段

2005 年,"中央一号文件"第一次提到"电子商务","鼓励发展现代物流、连锁经营、电子商务等新型业态和流通方式"。与此同时,2005 年 1 月 8 日,我国第一个专门指导电子商务发展的政策性文件——《国务院办公厅关于加快电子商务发展的若干意见》发布,提出了国家对我国发展电子商务的八条重要意见,确立了我

国促进电子商务发展的六大举措。

2005 年以后，我国电子商务发展迅猛，2014 年交易总额达到 13.4 万亿元，成为经济发展的新亮点和新动能。国家加大了电子商务发展指导工作的力度，2015 年 5 月发布了《国务院关于大力发展电子商务加快培育经济新动力的意见》（国发〔2015〕24 号），提出积极发展农村电子商务，开展电子商务进农村综合示范，支持快递服务网络向农村地区延伸。

（二）2016—2020 年，农产品电商加速发展

从 2015 年以后，农村电子商务在促进农产品上行、推动农业数字化转型升级、带动农民就业创业和增收、改善提升农村风貌等方面成效显著，成为推动脱贫攻坚、乡村振兴和数字乡村建设的重要抓手。2016 年 12 月，商务部、中央网信办、国家发展和改革委员会 3 部门联合发布《电子商务"十三五"发展规划》，提出"电子商务促进农业转型升级""积极开展电子商务精准扶贫"，开展电子商务促进县域经济行动、"电商扶贫"专项行动。

同时，"中央一号文件"加大了对农村电子商务的部署，逐步提出了更高的要求，明确了农村电商的主要工作方向：

一是加大物流基础设施建设和完善县乡村三级农村物流体系。2016 年提出，加强商贸流通、供销、邮政等系统物流服务网络和设施建设与衔接，加快完善县乡村物流体系；实施"快递下乡"工程。2017 年提出，加强农产品产地预冷等冷链物流基础设施网络建设，推动商贸、供销、邮政、电商互联互通，加强从村到乡镇的物流体系建设，实施快递下乡工程。2018 年提出，大力建设具有广泛性的促进农村电子商务发展的基础设施，建设现代化农产品冷链仓储物流体系，支持供销、邮政及各类企业把服务网点延伸到乡村。2020 年提出，支持供销合作社、邮政快递企业等延伸乡村物流服务网络，加强村级电商服务站点建设。2021 年提出，加快完善县乡村三级农村物流体系，改造提升农村寄递物流基础设施。

二是开展电子商务进农村综合示范。从 2015 年开始，提出开展电子商务进农村综合示范。2016—2018 年又连续三年提出深入实施电子商务进农村综合示范，2019 年深入推进"互联网＋农业"，继续开展电子商务进农村综合示范。

三是健全农村电商服务体系。2016 年提出，建立健全适应农村电商发展的农产品质量分级、采后处理、包装配送等标准体系，支持地方和行业健全农村电商服

务体系，形成线上线下融合、农产品进城与农资和消费品下乡双向流通格局。2017年提出，加快建立健全适应农产品电商发展的标准体系。2018年提出，打造农产品销售公共服务平台，健全农产品产销稳定衔接机制。2020年提出，有效开发农村市场，扩大电子商务进农村覆盖面，推动农产品进城、工业品下乡双向流通，实施电子商务技能培训。2021年提出，深入推进电子商务进农村和农产品出村进城，推动城乡生产与消费有效对接。

四是支持涉农电商载体建设和新模式发展。比如，2015年提出，支持电商、物流、商贸、金融等企业参与涉农电子商务平台建设。2016年提出，鼓励大型电商平台企业开展农村电商服务。2017年提出，支持农产品电商平台和乡村电商服务站点建设，促进新型农业经营主体、加工流通企业与电商企业全面对接融合，推动线上线下互动发展；鼓励地方规范发展电商产业园，聚集品牌推广、物流集散、人才培养、技术支持、质量安全等功能服务。2018年提出，鼓励支持各类市场主体创新发展基于互联网的新型农业产业模式。

（三）2021年以来，农产品电商进入高质量发展阶段

2021年以后，农村电商发展进入"数商兴农"高质量发展新阶段，国家出台的许多规划给农产品电商指明了方向。

"数商兴农"行动是商务部2021年部署的数字商务建设的五大行动（消费数字化升级行动、"数商兴农"行动、"丝路电商"行动、数字化转型赋能行动、数字商务服务创新行动）之一。2021年1月，商务部下发了《关于加快数字商务建设 服务构建新发展格局的通知》，专门部署了数字商务建设工作。2021年6月，《商务部落实〈中共中央、国务院关于实现巩固拓展脱贫攻坚成果同乡村振兴有效衔接的意见〉实施方案》再次提出，要在推动流通提升方面实施"数商兴农"。"数商兴农"是发展数字商务振兴农业的简称，是农村电商的升级概念。"数商兴农"就是充分释放数字技术和数据资源对农村商务领域的赋能效应，全面提升农村商务领域数字化、网络化、智能化水平，提升电商与快递物流协同发展水平、提升农产品可电商化水平、推动农村电子商务高质量发展，进而支持和促进农业农村的生产发展和乡村产业振兴。简言之，"数商兴农"是根据"商"与"农"互联互促的经济规律，通过数字技术和数据要素赋能农村商务发展，涉农商务数字化转型进一步促进了农业生产数字化和产业振兴。

2021 年 10 月，商务部、中央网信办、国家发展和改革委员会 3 部门联合发布的《"十四五"电子商务发展规划》明确指出，实施"数商兴农"行动。包括：引导电子商务企业发展农村电商新基建，提升农产品物流配送、分拣加工等电子商务基础设施数字化、网络化、智能化水平，发展智慧供应链，打通农产品上行"最初一公里"和工业品下行"最后一公里"；培育农产品网络品牌，加强可电商化农产品开展"三品一标"认证和推广，深入开展农产品网络品牌创建，大力提升农产品电商化水平。由此来看，"数商兴农"行动着眼于改善农村电商的基础设施、物流配送和农产品电商化，促进产销衔接，是电子商务进农村综合示范工程的升级。"互联网＋"农产品出村进城工程由农业农村部牵头实施，到 2021 年年底，基本完成 100 个县试点建设任务，探索形成了一批符合各地实际、可复制可推广的推进模式和标准规范。以实施"数商兴农"工程为牵引，夯实"快递进村"工程和"互联网＋"农产品出村进城工程，推进电子商务进乡村，是中央对发展农村电子商务的统筹布局。2021 年 11 月，国务院印发的《"十四五"推进农业农村现代化规划》，提出推进"互联网＋"农产品出村进城工程，加强农产品品牌建设和网络营销，优化提升农产品供应链、产业链现代化水平。

2022 年"中央一号文件"首次提出要"促进农副产品直播带货规范健康发展"，持续推进农村电子商务与第一、第二、第三产业融合发展、促进农村客货邮融合发展"两大融合"，加大力度实施"数商兴农"工程、"快递进村"工程、"互联网＋"农产品出村进城工程三大强基固本工程。2022 年"中央一号文件"将"数商兴农"工程与"快递进村"工程、"互联网＋"农产品出村进城工程相结合，扩大电子商务进农村覆盖面。"快递进村"工程由国家邮政局牵头实施，并于 2014 年启动了"快递下乡"工程，2020 年印发了《快递进村三年行动方案（2020－2022 年）》，重点是乡村快递物流体系建立和完善，2022 年符合条件的建制村基本实现"村村通快递"。

2023 年，全国农村网络零售额达 2.49 万亿元，全国农产品网络零售额达 0.59 万亿元（见表 1），农村电商成为助力乡村振兴的重要手段。从表 1 来看，2023 年全国城镇社会消费品零售总额显著高于全国乡村社会消费品零售总额，优势依然明显，但全国乡村社会消费品零售总额的增速超过城镇。

表 1　2023 年度全国农产品网络零售额与其他类别的比较

年份	全国城镇社会消费品零售总额	全国乡村社会消费品零售总额	全国农村网络零售额	全国农产品网络零售额
2022	38.04 万亿元	5.93 万亿元	2.17 万亿元	0.53 万亿元
2023	40.75 万亿元	6.40 万亿元	2.49 万亿元	0.59 万亿元
比上年增长	7.1％	8.0％	14.7％	11.3％

数据来源：根据国家统计局网站相关资料整理。

2023 年中国农产品物流总额再创新高，2023 年物流总额超过 5.3 万亿元，同比增长 4.1％，从 2021 年到 2023 年，农产品物流总额连续 3 年超过 5 万亿元。虽然农产品进城规模增大，"路费"却下降了，数据显示，物流费率由 2012 年的 18％下降到 2023 年的 14.4％。[①]

2024 年"中央一号文件"首次明确提出，实施农村电商高质量发展工程，推进县域电商直播基地建设，发展乡村土特产网络销售。为抓好贯彻落实，商务部、供销合作总社等 9 部门发布研究起草了《关于推动农村电商高质量发展的实施意见》（以下简称《意见》），并于 2024 年 3 月正式印发实施。

《意见》明确用 5 年时间，基本建成设施完善、主体活跃、流通顺畅、服务高效的农村电商服务体系，在全国培育 100 个左右农村电商"领跑县"，培育 1000 家左右县域数字流通龙头企业，打造 1000 个左右县域直播电商基地，培育 10000 名左右农村电商带头人等工作目标，并在搭建多层次农村电商综合服务平台、加快农村现代物流配送体系建设、培育多元化新型农村电商主体、提高农村电商产业化发展水平等方面明确了具体任务。

《意见》中提到的直播电商是一种新型的电子商务形式，它利用直播作为主要渠道来进行营销，为用户提供更加丰富、直观、实时的购物体验，具有高度互动性、专业性和高转化率等优势，是数字化时代下电子商务的新产物。

---

① 　数据来源于洪涛《2024 中国农产品电商发展报告》。

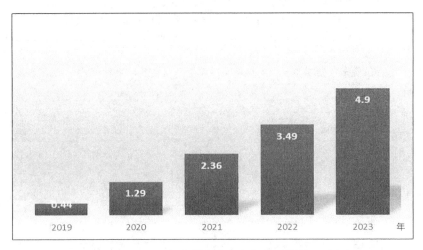

图 1　2019—2023 年直播电商市场规模（单位：万亿）

　　直播电商 2019 年市场规模为 4437.5 亿元，2020 年市场规模增长至 12850 亿元，同比增长 189.5％，2021 年市场规模达到 23615.1 亿元，同比增长 83.8％，2022 年市场规模为 34879 亿元，同比增长 47.7％，2023 年市场规模达到 4.9 万亿元，同比增长 35.2％。尽管行业增速相较于行业发展早期出现一定下滑，但从 2023 年的市场表现看，行业依旧在释放增长信号。

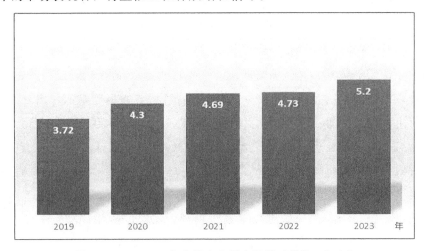

图 2　2019—2023 年直播电商用户规模（单位：亿人）

　　直播电商 2019 年用户规模为 3.72 亿人，2020 年用户规模增长至 4.3 亿人，同比增长 15.6％；2021 年用户规模达到 4.69 亿人，同比增长 9.1％，2022 年用户规模为 4.73 亿人，同比增长 10％，2023 年用户规模约为 5.2 亿人。其中，在为直播付费的用户中（除电商购物外），消费额在 1000 元以下的用户占比高达 94.2%，而消费额在 1000—5000 元范围内的付费用户占比为 3.4%，消费额在 5000—10000 元的付费用户占比为 1.7%，消费额在 10000 元以上的付费用户占比为 0.7%。

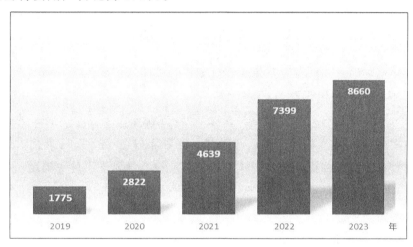

图 3 2019—2023 年直播电商人均年消费额（单位：元）

直播电商 2019 年人均年消费额为 1775 元，2020 年人均年消费额增长至 2822 元，同比增长 58.9%，2021 年人均年消费额达到 4639 元，同比增长 64.3%，2022 年人均年消费额为 7399 元，同比增长 59.4%；2023 年人均年消费额约为 8660 元，同比增长 17%，增速下降明显，整体呈增长趋势，说明居民人均消费增加且直播电商对居民消费方式的影响越来越大。

2022 年 9 月至 2023 年 9 月，抖音电商共助销农特产 47.3 亿单，平均每天就有 1300 万个装有农特产的包裹销往全国各地。平台通过短视频、直播、商城货架等全域兴趣电商模式促进产销对接，进一步激活农特产消费市场。2022—2023 年，抖音电商里挂车售卖农产品的短视频数量为 2186 万条，直播间里农特产商品讲解总时长达 3778 万小时，货架场景带动的农特产销量同比增长了 137%。越来越多的优质农特产通过一方屏幕走向消费者，一年中，平台销售的农特产种类同比增长了 188%。2022 年 9 月至 2023 年 9 月，抖音电商里的三农达人数量同比增长 105%，农货商家数量同比增长 83%。年销售额突破百万元的农货商家超过 2.4 万个。其中，福建、河南、云南、安徽和四川成为平台里农货商家来源前五的省份。

二、全国供销合作社电子商务平台建设

（一）供销合作社发展农产品电商的主要任务

供销社电商的主要任务也是供销合作社发展战略，主要包括以下四点。

1. 积极发展农村电子商务

开展电子商务进农村综合示范，支持新型农业经营主体和农产品、农资批发市场对接电商平台，积极发展以销定产模式。完善农村电子商务配送及综合服务网络，着力解决农副产品标准化、物流标准化、冷链仓储建设等关键问题，发展农产品个性化定制服务。开展生鲜农产品和农业生产资料电子商务试点，促进农业大宗商品电子商务发展。

2. 大力发展行业电子商务

鼓励能源、化工、钢铁、电子、轻纺、医药等行业企业，积极利用电子商务平台优化采购、分销体系，提升企业经营效率。推动各类专业市场线上转型，引导传统商贸流通企业与电子商务企业整合资源，积极向供应链协同平台转型。鼓励生产制造企业面向个性化、定制化消费需求深化电子商务应用，支持设备制造企业利用电子商务平台开展融资租赁服务，鼓励中小微企业扩大电子商务应用。按照市场化、专业化方向，大力推广电子招标投标。

3. 推动电子商务应用创新

鼓励企业利用电子商务平台的大数据资源，提升企业精准营销能力，激发市场消费需求。建立电子商务产品质量追溯机制，建设电子商务售后服务质量检测云平台，完善互联网质量信息公共服务体系，解决消费者维权难、退货难、产品责任追溯难等问题。加强互联网食品药品市场监测监管体系建设，积极探索处方药电子商务销售和监管模式创新。鼓励企业利用移动社交、新媒体等新渠道，发展社交电商、"粉丝"经济等网络营销新模式。

4. 加强电子商务国际合作

鼓励各类跨境电子商务服务商发展，完善跨境物流体系，拓展全球经贸合作。推进跨境电子商务通关、检验检疫、结汇等关键环节单一窗口综合服务体系建设。

创新跨境权益保障机制，利用合格评定手段，推进国际互认。创新跨境电子商务管理，促进信息网络畅通、跨境物流便捷、支付及结汇无障碍、税收规范便利、市场及贸易规则互认互通。

（二）全国供销合作社农产品电商平台构建

建设全国供销合作社电子商务平台，是加快推进供销合作社电子商务发展的一个关键环节，也是实现把供销合作社打造成服务农民生产生活的生力军和综合平台目标的一条重要途径。平台按照企业化运作方式，由中国供销集团公司牵头，以全国棉花交易市场为基础，联合省级供销合作社，引入战略投资者，共同组建中国供销电子商务股份有限公司，具体负责全国平台的搭建和运营。

全国供销合作社农产品电商平台是全国供销合作社系统电子商务发展的总平台，为系统电子商务企业提供多方位服务。全国平台不直接参与商品的进货和交易，系统的电子商务企业和地方性、专业性电商平台直接对接全国平台，借助全国平台开展交易。

全国平台的特色是集聚系统内外资源，为开拓农村电子商务市场和发展农产品电子商务提供解决方案。全国平台的运营，一是利用供销合作社组织优势，通过对30万个基层经营服务网点的信息化改造，推动系统加快发展县域电子商务，夯实全国平台发展基础。二是利用供销合作社遍及城乡的人员和资源优势，广泛宣传和推广全国平台，在短期内迅速扩大全国平台的影响力和知名度。三是利用全国平台所提供的硬件、软件、技术和电子支付等方面免费服务，支持系统电商公司（平台）、传统企业、农民合作社等单位上线交易。四是利用系统已有的电商平台，通过资源整合、模式创新，实现全国平台与地方平台的资源共享、分工负责、优势互补。全国平台负责整体营运、市场推广、品牌打造等，地方平台按照全国平台的标准和要求，负责组织货源线上销售和物流配送，实现全国平台和地方平台融合发展（见图4）。

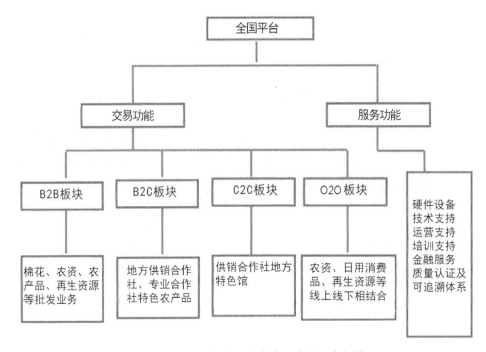

图 4　全国供销合作社农产品电商平台架构

供销合作社发展电子商务的路径是以线下为基础发展线上，实现线上线下相融合。供销社立足于区域立体网络基础，从区域市场寻求差异化竞争优势，推进线下实体网络资源融合对接线上平台。

2015 年 11 月 5 日—6 日，全国供销合作社电子商务平台"供销 e 家"正式上线，"供销 e 家"由中国供销电子商务股份有限公司负责搭建和运营，是中华全国供销合作总社的下属企业品牌，由中国供销集团有限公司出资成立，着力构建统一的综合性电商平台，发挥一网多用、双向流通、供销并举、综合经营的独特优势，既把日用消费品、农业生产资料供应下去，又把农副产品、再生资源收购销售上来，实现供给与需求有机对接。受益于平台经济和网上零售持续活跃，供销合作社系统电子商务迅速发展。

中国供销电子商务股份有限公司积极布局县乡村三级商业体系，开展网上交易、仓储物流、终端配送一体化经营，立足"供销 e 家"推进区域电子商务发展。目前"供销 e 家"已经在全国布局建设了 200 多家区域电商企业，形成了区域物流集配模式、农产品供应链服务模式、本地生活服务模式等多种业务模式，健全县乡村三级商业体系，构建出农村电商发展新格局。

（三）平台功能及其实现方式

1. B2B 批发交易

全国平台与系统龙头企业合作，开展农资、棉花、再生资源、特色农产品等大宗商品的 B2B 网上交易，全国平台提供产品展销、实物交收、仓储物流、质量检验、贸易融资、交易结算和信息咨询等系列服务。

2. B2C 商品销售

全国平台联合地方供销合作社及其农产品企业、行业协会、农民合作社共同建设"供销商城"。通过 B2C 方式在网上集中销售具有供销合作社品牌的高端差异化特色农产品，产品标准、供货商等由全国平台统一负责。联合农资企业网上销售农资，联合再生资源企业开展再生资源在线回收业务。

3. C2C 零售交易

各级供销合作社组织符合条件的社有企业、农民合作社及社员、当地农产品企业等入驻全国平台开设电子商铺，整合地方资源建立地方特色馆，开展特色农产品、手工艺品等网上销售，全国平台提供技术、结算、营销等后台服务。

4. O2O 在线业务

全国平台联合系统日用消费品、农资连锁企业和再生资源企业，依托连锁经营网点、村级综合服务中心等，实现线上线下相结合，开展日用消费品、农资的在线销售和再生资源线上回收。

5. 服务功能

建设资金管理和支付结算系统，提供支付结算、资金和融资支持。建立农产品信息采集和发布系统，为有关部门决策和市场分析提供参考。联合系统内外的质量认证力量，推广标准化生产，建立健全质量认证和追溯体系。加强与高等院校和系统培训机构合作，组织电子商务专业技术人员进行培训。

（四）贫困地区农副产品网络销售平台"832 平台"

中国供销电子商务股份有限公司是中华全国供销合作总社的下属企业，由中国供销集团有限公司出资成立，注册资本 2 亿元。中国供销电子商务股份有限公司（供销 e 家）在财政部、农业农村部、国家乡村振兴局、中华全国供销合作总社的指导下，建设和运营"832 平台"，该平台集"交易、服务、监管"功能于一体，实现脱贫地区农副产品在线展示、网上交易、物流跟踪、在线支付、产品追溯一站式聚合，连接脱贫地区带贫能力强、产品质量好、有诚信的企业、合作社、家庭农场等市场主体与各级预算单位、工会组织、承担定点帮扶任务的企业等，为全社会广泛参与采购贫困地区农副产品提供渠道，推动各地消费扶贫目标的顺利实现。

2020 年下半年起，中国供销电商以"832 平台"质量与安全保障体系和仓储物流体系建设为目标，整合供销系统内外优质资源，打造产（销）地仓仓储物流体系，先后在北京、湖北、湖南、江西、黑龙江等省市落地运营产（销）地仓 49 个。计划到 2025 年，建设运营"832 平台"产（销）地仓 130 个，完善平台仓储物流网络体系建设（见图 5）。

图 5　中国供销电子商务股份有限公司（供销 e 家）"832 平台"

截至 2024 年 4 月底，"832 平台"累计销售额突破 533.6 亿元，助推 832 个国家级脱贫县的超 320 万个农户巩固脱贫成果。截至 2024 年 6 月，"832 平台"累计入驻供应商 2.85 万家，在售商品 26.42 万款，注册采购单位 67.20 万个（以上数据不包括"832 平台"小程序），"832 优选"超 1 万款，超过 115 万个个人用户通过"832 平台"采购脱贫地区农副产品，帮助 320 多万个农户巩固脱贫成果。

三、供销合作社农产品电商发展面临的问题

相对于工业消费品而言，农产品流通成本高、风险大。在"数商兴农"的政策驱动下，供销合作社农产品电商减少农产品的流通环节，推动农产品市场化、标准化、品牌化，有利于解决农产品不断涨价而农民仍然增收难的悖论，让农民和消费者都获得实惠。从当前的现实条件来看，我国供销合作社发展农产品电商还面临着一系列困难与挑战。

（一）人才短缺，观念滞后

技术不完善，存在安全隐患。资本投入不足，农产品流通的专业平台少。农产品流通具有特殊性，特别是生鲜农产品需要冷链运输与仓储。许多农产品的供应还受到生产的季节性因素影响，无法保证长期稳定地供货。

在当前我国农村电商直播创业模式中，创业者无法突破"小农思想"的限制，经营模式依靠以满足自身消费为主的小规模农业经济为特点的"小农模式"。行业内各方缺乏合作思维，导致农产品供给端呈现"小""散"状态，无法形成集群效应，整体发展较弱。同时，上行基础设施仍比较薄弱，无法形成长期稳定的产销机制。因此农村电商直播的进一步提升亟须在以往的发展基础上创新发展模式，构建一个合作共赢的健康生态体系。

（二）流通基础设施落后，相关服务供给不足

首先，智能终端普及率低。发展农产品电商需要稳定的、覆盖面广的移动互联网智能终端。农村居民智能手机拥有量远低于城市居民，不少中老年农民还在使用老旧的老人机，只具备简单的打电话、发短信等功能，无法满足农产品电商的技术要求。其次，农村的物流配送网点匮乏，物流配送终端只到乡镇所在的社区，物流体系的"最后一公里"问题突出。农村居民发货还要去乡镇或县城办理，既不方便，也导致物流成本升高。最后，生鲜农产品的专业冷链运输能力与仓储能力供给不足，无法满足网络平台交易对高质量物流的需求。

（三）农产品产地市场衔接不畅

各地供销合作社农产品电子商务综合平台面临如何将农产品批发市场与电子交易平台的对接问题，也就是线上服务与线下服务、线上交易与线下交易的对接问题。农产品电子商务建设的目的是通过发展电子商务，将现货批发市场插上翅膀，而不是相互割裂、相互竞争。

（四）供销合作社仓储物流能力有限

农产品产供销一体化电子商务综合平台如何与物流体系对接，应综合考虑物流园区、物流基地等物流基础设施的建设，并在技术上将农产品产供销一体化电子商务综合平台与物联网相结合，因为电子商务的模式应用最终要归结到成功完成现货商品的价值转换，所以必须在物流的基础设施规划和建设方面给予电子商务综合平台服务和交易强有力的保证。

（五）供销合作社农产品电商平台配套服务和设施建设问题

政府行为和企业行为在建设农产品产供销一体化电子商务综合平台的利弊、建设动机、投资方案等问题。通过农产品流通体系运作效率的研究可以发现，原有各地各级的农村电子商务平台在规模、效率、布局、物流支持、技术手段、交易模式等方面上存在的诸多问题，在当前技术条件下，农产品产供销一体化电子商务综合平台将综合检验政府行为和企业行为的协同发展能力，在建设农产品产供销一体化电子商务综合平台之初，政府和企业需权衡利弊，做好投资方案、股权分配方案，在平台建设之初就解决好出资人与受益人、所有者和管理者的关系问题，以提高电子商务综合平台的后续发展动力。

四、供销合作社发展农产品电商的建议

"十四五"时期，是乘势而上开启全面建设社会主义现代化国家新征程、向第二个百年奋斗目标进军的第一个五年。"十四五"时期，数字化生活消费方式变革将重塑农村大市场，农村电商将成为数字乡村最大的推动力和发展基础，农村电商生态要素将加速整合，农村电商对农业生产和农村消费的巨大潜能将加速释放，将

成为推动乡村振兴取得新进展、农业农村现代化迈出新步伐的巨大引擎。

"数商兴农"工程及其相关工程的实施，既为努力做下沉市场的供销合作社提供了重大机遇，也对供销社电商的发展提出了全新的挑战。各地供销社应抓住机遇，充分发挥自身优势，调整业务结构，在新一轮的电商发展大潮中抢占先机，持续推进农村第一、第二、第三产业融合发展。

（一）发展产地流通新模式

聚集技术、人才等资源，发展农产品电商、宅配、前置仓、产地仓等新兴流通业态，促进行业上下游紧密衔接。创新发展"产地市场＋种养""产地市场＋食品加工""产地市场＋直销配送""产地市场＋新零售"等新业态，提升农产品产地市场综合竞争优势和规模经济效应。

平台以消费和销售为重点的发展模式，应该过渡到消费和生产并重的发展模式，实现由农村电子商务向农村数字商务的升级转型。推动电子商务与农产品加工、乡村休闲旅游等相结合，支持当地企业深入产地发展粮油加工、食品制造，支持农民直接经营或参与经营的乡村民宿、农家乐特色村（点）发展，打造价值共创、利益共享和风险共担的农村电子商务生态，是夯实平台下沉市场的关键。

农村电商需要引进电商运营人才、供应链管理人才、技术型人才、综合型高级人才，以及产品策划和研发人才。利用新媒体或者政府进行不时宣传，在农村地区建立电商企业，增加电商品牌曝光率；与高校合作，建立校企合作实践基地，为农村电商直播培养大批优秀人才。加强对农产品质量的监管和农产品品牌的宣传推广，减少农民的税收负担，提供电商直播的培训和设备支持，培训更多的电商直播人才，招商引资大力扶持特产销量，建设电商物流基础设施和推动电商平台降低运营费用。

（二）建立供销社全产业链服务平台

适应现代农业生产规模化、标准化发展趋势，支持农产品产地市场拓展农资供应、农机销售及维修等业务。结合农业全产业链发展，提供农技推广、农机作业、代耕代种、烘干仓储、市场营销等社会化服务。鼓励有条件的农产品产地市场，加强信息信用管理，推动金融机构开展农业保险、信贷等服务。积极探索电商新业态新模式。引领和规范发展社区团购、直播电商、短视频电商、社交电商、农产品众筹、预售、领养、定制等农村电商新业态，在数字技术和数据的驱动下，聚焦商产融合，探索"数商兴农"的新业态新模式。

探索可持续的商业模式，推动涉农数据和数字技术在农业中的发展和应用。探索与地方政府合作采集和利用农业大数据、县域农产品大数据、电子商务大数据，加快物联网、人工智能、先进感知技术、区块链在农业生产经营管理中的运用，完善农产品安全追溯监管体系，打造农业农村大数据应用场景。

（三）打造供销社农业品牌新价值

引导农产品产地市场实施品牌战略，发挥平台渠道优势，打造企业品牌。依托国家级农产品产地市场，塑强一批农产品区域公用品牌，孵化一批农业企业品牌和农产品品牌。创新品牌营销管理，发展体验式、网络化营销方式，设立销售专馆专区专柜，建立健全品牌保护机制，促进品牌农产品消费。助力农产品网络品牌和区域公共品牌建设，培育"小而美"网络品牌，助力特色农产品品牌推介，大力提升农产品电商化水平。

（四）加快供销合作社流通基础设施建设

第一，加快供销合作社仓储设施建设。根据经营农产品种类和规模，充分利用现有仓储设施，按照适度超前原则，高起点高标准规划新建或改扩建粮油自动通风筒仓、果蔬精准控温保鲜库、畜产品和水产品高效节能冷藏库等仓储设施。配备标准托盘、立体货架、自动传输、装卸提升、吊装搬运等设备，建立协调统一、信息共享、上下联动的管理系统。

第二，完善供销合作社商品化处理设施。建设农产品商品化处理专区或车间，结合市场主营产品特点，安装预冷、清洗、分级、打蜡、包装等果蔬商品化处理设备，以及冷却、分等、分割、冻结等肉类和水产品初加工设备，鼓励配备技术先进、性能可靠、经济实用的农产品加工生产线，最大限度减少农产品产后损失。支持有条件的市场建设农产品产地集配中心，提高规模化、标准化加工配送能力，将更多增值收益留在产地。

第三，健全供销合作社产地物流体系和冷链物流体系。加快农村现代物流配送体系建设，提高农村物流设施现代化程度，改善农村物流配送集约化水平，推动农村商贸物流创新发展。鼓励农产品产地市场加强冷链物流设施建设，中西部地区重点提高冷藏保鲜能力，东部地区着重提升冷链物流设施技术装备水平和运行效率。支持农产品产地市场发展冷链运输，提供专业化、社会化第三方冷链物流服务。鼓励国家级、区域性农产品产地市场和田头市场加强冷藏保鲜设施共建共享。

（五）搭建多层次农村电商综合服务平台

提高农村电商产业化发展水平，打造一批功能完善、特色突出、带动力强的县域直播电商基地，培育农村数字消费场景，拓展数字便民服务。培育多元化新型农村电商主体。鼓励餐饮、住宿等生活服务类企业开展连锁经营，提供在线订餐、订房等服务，实现专业化、精细化发展。加强电商技能培训，培育农村电商带头人。

立足特色产业，发展"电商＋休闲农业""电商＋乡村旅游"等，培育农村电商特色品牌，延长农村电商产业链条。开展多种形式的农村电商促销活动。将电商与农产品采摘采收、农历赶集等活动相结合，融合优秀传统文化、乡情民俗等元素，创新农村电商应用场景。巩固拓展电子商务进农村综合示范政策成效。加强资金和项目后续管理，建立管用结合的长效机制，推动示范项目向常态化工作转化落地。

第七部分　中国供销合作社 70 年发展历程

2024 年是新中国成立 75 周年，也是中华全国供销合作总社成立 70 周年。70 年里供销合作社在我国社会政治经济文化发展的不同时期都作出了重要贡献，根据社会政治经济文化发展的不同阶段特征，其改革发展历程可划分为五个大的时期，即蓬勃发展时期、曲折发展时期、改革探索时期、改革发展新时期、综合改革新时期。供销合作社改革发展的每一历史时期，都同其所处的大的时代背景和国家发展战略紧密相关，都在一定程度上反映了我国特定历史发展时期社会发展的轨迹和特点。因此，全面回顾供销合作社改革发展历程，系统总结供销合作社在不同发展阶段所取得的经验和教训，对于新时期中国特色供销合作社又好又快可持续发展意义重大。

一、供销合作社的蓬勃发展时期（1949—1957 年）

1949 年到 1952 年，国家的主要任务是在全国范围内建立新民主主义政治制度和经济制度，巩固人民政权，恢复国民经济。中共中央和政务院采取了一系列重大决策，从而迅速地实现了国家财政经济状况的根本好转，恢复了在旧中国遭到严重破坏的国民经济。1952 年年底，中共中央根据毛泽东同志的建议，提出了党在过渡时期的总路线："在一个相当长的时期内，逐步实现国家的社会主义工业化，并逐步实现国家对农业、手工业和对资本主义工商业的社会主义改造。"同时，还根据这条过渡时期总路线，制订了我国第一个五年计划。1953 年开始了大规模的社会主义改造和有计划的社会主义建设。1956 年我国基本完成了对农业、手工业、资本主义工商业在所有制方面的社会主义改造。

供销合作社的组织制度框架正是形成于这一时期。中央人民政府成立之后，

1949 年 11 月 1 日,政务院设立了中央合作事业管理局,它是中央人民政府主管全国合作事业的行政机构。1950 年 12 月,中华全国合作社联合总社宣布成立,统一组织、指导、推动全国供销、消费、信用、生产、渔业和手工业合作社。1954 年 7 月 20 日至 25 日,中华全国合作社联合总社第一次代表大会,决定将中华全国合作社联合总社更名为中华全国供销合作总社,并通过了《中华全国供销合作总社章程》,明确了供销合作社是社会主义性质的集体经济组织,强调了供销合作社的自愿原则和社员的权利与义务,明确了供销合作社的组织原则是民主集中制,指明了供销合作社的自有资金的社员集体所有性质。这个时期,供销合作社和国营商业经历了三次大的分工,基本上划分了供销合作社与国营商业的主要业务领域。这一时期供销合作社的发展可分为两个阶段。

第一阶段,以集镇为中心建立基层供销合作社。1951 年 3 月中华全国合作社联合总社工作组到华北、华中地区进行了调查研究,同年 4 月将调查研究结果向中共中央作了《关于农村和城市基层合作社改变组织形式的报告》,肯定了农村基层合作社以集镇或较大村庄为中心建社,城市消费社应以居民区为主建社。在调整和发展供销合作社的同时,也开始逐步组建省、地、县的联合社工作。各地实行以集镇为中心建社以后,不仅改变了过去村村有社、"四少一多"(社员少、资金少、业务少、收益少、开支多)的现象,而且由于资金集中,合作社在农村初级市场上逐渐起着主导作用,提高了合作社在农村经济中的地位。

第二阶段,具体负责对农村私营商业的社会主义改造。1955 年 3 月,供销合作社召开了第一次农村私商改造会议,提出安排农村市场和改造私商的原则:保证社会主义商业在农村中不断增长,将农村私营商业由供销社"包下来",使其人员、资金、设备、技术为社会服务,并逐步改变他们的私人所有制,建立合作社所有制。到 1955 年年底,全国农村已有 89 万私商纳入了各种改造形式,约占农村私商总数的三分之一。供销合作社在农村市场的主导地位从此确立起来。

这一时期,供销合作社发展的步骤积极稳妥。在所有制性质上,自下而上坚持了社员集体所有制经济的性质,较好地实现了民主管理,体现了社员群众当家做主;在组织系统上,基本上是一个独立运行的经济组织和社会团体。在业务活动中,坚持贯彻执行了"上级社为下级社服务,基层社为社员服务"的方针,紧密围绕党在农村的工作中心,千方百计为农业生产和生活服务。同时,注意合作社的教育、培训和宣传,培养了一大批政治、业务和文化水平较高的干部职工。供销合作社从组织体系到建章立制，迅速地发展成为一个网点遍布全国城乡自成体系的合作经济组织。供销合作社经济真正成了整个国民经济的一个重要组成部分，它不仅成为满足农民生产和生活需要、组织农村商品流通的主渠道，而且成为连接城乡、联系工农、沟通政府与农民密切联系的桥梁和纽带，在引导农民走社会主义道路方面发挥了重要的作用。

二、供销合作社的曲折发展时期（1958—1978年）

这一时期以1958年的人民公社为起点，至1978年党的十一届三中全会召开为止，供销合作社在坚持贯彻"发展经济、保障供给"的总方针和"两个服务"（为工农业生产服务、为人民生活服务）、"三大观点"（政治观点、生产观点、群众观点）上，努力扩大商品流通，积极支持工农业生产发展，想方设法安排好人民生活，在短缺经济背景下，做了大量工作，取得了一定的成绩。但是，由于受"左"倾思想的影响，在工作中出现了许多问题，犯了一些错误。这一时期经历了四个阶段。

第一阶段，供销合作社由集体所有制过渡为全民所有制阶段。1958年年初，供销合作总社与第二商业部合署办公。1958年12月20日，中共中央、国务院发布了《关于适应人民公社化的形势改进农村财政贸易管理体制的决定》，将已经与国营商业合并的基层供销社变成了人民公社的供销部，基层供销社的资金管理权、商品经营权、人事管理权、经营管理权全部下放给人民公社。至此，供销合作社系统由上到下彻底由集体所有制转变为全民所有制，由"民办"转为"官办"，于是出现了严重的管理混乱，任意赊销商品和预付货款，甚至拿走商品，动用资金，使基层财贸部门处于"半无政府主义"状态，造成了严重的经济损失。

第二阶段，供销合作社整顿恢复阶段。1961年3月，中共中央工作会议提出恢复供销合作社，并开始在一些地区试点。1961年6月14日中共中央发出《关于改进商业工作的若干规定（试行草案）》，对恢复供销合作社作了具体规定。1961年9月，中共中央《关于商业工作问题的决定》明确指出，供销合作社是社会主义集体所有制经济，是国营商业的有力助手，并指出供销合作社应当在国营商业的领导下，积极地为生产服务、为人民生活服务、为出口贸易服务，做好城乡间、地区间的物资交流，做好农村集市贸易的领导工作。

第三阶段，供销合作社再次被合并阶段。"文化大革命"期间，供销合作社首先被当作"条条专政""单线领导"加以批判，导致撤销了县以上的各级供销合作社，并使基层供销社下放到人民公社党委领导。同时，批判了"流通决定生产论"，否定流通对生产的作用。1969 年全国供销合作总社推行贫下中农管理农村商业，1970 年全国供销合作总社与商业部合并后继续推行"贫管"。"贫管"否定了供销社社员的民主管理权利，严重挫伤了社员和供销社社企职工的积极性。

第四阶段，供销合作社有限恢复和艰难发展阶段。1975 年 2 月，中共中央决定恢复全国供销合作总社。在当时的背景下，恢复后的全国供销合作总社认为，供销合作社是社会主义全民所有制商业，是国营经济的组成部分。供销合作社实际上是农村商业部，是国务院的一个部门。只是考虑到供销合作社在农村有广泛的群众基础和民主办社的优良传统，所以仍然用供销合作社这个名称。1976 年，粉碎"四人帮"以后，全国供销合作总社和各省供销合作社注重抓基层建设，主要体现在领导班子建设、职工队伍建设、规章制度建设和网点建设上。

三、供销合作社的改革探索时期（1978—1991 年）

这一时期，供销合作社的改革是农村改革尤其是农村商品流通体制改革的重要组成部分，改革的核心是改全民所有制为集体所有制，改"官办"为"民办"，使供销合作社真正办成农民群众集体所有的合作商业，办成供销、加工、仓储、运输、技术等综合服务中心。其改革探索的过程，大体分为五个阶段。

第一阶段，改革的酝酿阶段。通过学习、讨论、统一思想，明确改革的必要性和目的、要求。第一次酝酿是在 1979 年，当时是在稳定人民公社"三级所有、队为基础"的制度下，设想把基层供销社划归人民公社经营。第二次酝酿是在 1980 年，农村实行不同形式的生产责任制，农民迫切要求供销社办成自己的合作经济组织。1980 年 11 月，全国供销合作总社召开省、自治区、直辖市供销社主任会议，会上讨论了供销社的体制改革问题，认为供销社的现行体制，同当前农村形势不相适应，需要积极地稳步进行改革。

第二阶段，恢复"三性"阶段。虽然在 1982 年的机构改革中，中央决定把供销合作总社与商业部合并，但在基层供销社却开展了恢复"民办三性"工作。恢复"三性"，即"组织上的群众性、管理上的民主性和经营上的灵活性"（中发〔1982〕

1号），其核心是恢复供销社的"合作商业性质"，目的是重塑其与农民的关系。1983年1月2日，中共中央印发《当前农村经济政策若干问题》的通知，指出基层供销合作社应恢复合作商业的性质，并扩大经营范围和服务领域，逐步办成供销、加工、储藏、运输、技术等综合服务中心。1983年2月，国务院批转国家体改委、商业部《关于改革农村商品流通体制的若干问题的试行规定》的通知，对基层供销社和县供销社的性质、地位、任务、改革的方向和要求，都做了具体规定。

第三阶段，实行"五个突破"阶段。1984年1月，中共中央《关于1984年农村工作的通知》中明确指出，"供销合作社体制改革要深入进行下去，真正办成农民群众集体所有的合作商业""各级供销合作社要实行独立核算，自负盈亏，有关制度也要按合作社企业性质进行改革"。提出了"供销合作社要在农民入股、经营服务范围、劳动制度、按劳分配、价格管理等方面进行突破，核心是变'官办'为'民办'"（国发〔1984〕96号）。根据中央的精神，各地供销合作社相继推出"五个突破"的体制改革措施：①突破对农民入股的限制，扩大农民股金，体现民办性质。②突破过去的经营分工限制，扩大了经营范围和服务领域。③突破原有的劳动人事制度，要求干部实行选举制、招聘制，能上能下；职工实行劳动合同制，能进能出；专业技术人员实行国家分配、企业培养和公开招聘相结合。④突破原有的内部分配制度，实行全额浮动工资制、部分浮动工资制、奖金浮动和浮动升级，真正体现按劳分配、多劳多得。⑤突破价格管理权限，在保持市场物价基本稳定的原则下，给企业一定的定价灵活性。

第四阶段，推动"六个发展"阶段。1985年12月，在全国供销合作社主任会议上提出，在巩固完善"三性""五个突破"的基础上，主要抓好"六个发展"：①发展为商品生产的系列化服务。②发展横向经济联合。③发展农副产品加工工业。④发展多种经营方式。⑤发展农村商业网点。⑥发展教育和科技事业。

第五阶段，办成综合服务中心阶段。1987年1月，中共中央发出《把农村改革引向深入》的通知指出：供销社要按照合作社原则，尽快办成农民的合作商业组织，完善商品生产服务体系。1988年2月，国务院批转国家体制改革委员会《关于一九八八年深化经济体制改革总体方案》的通知第13条指出：按照改官办为民办的方向，继续深化供销合作社的体制改革，完善为农村商品生产服务的体系和农副产品合同定购制度，积极推行联合经营和代理购销，进一步搞活城乡商品流通，促进农村经济发展。从1988年起，供销合作社进入了深化改革阶段，主要内容是完善商品生产服务体系，办成农村的综合服务中心。主要体现在：①发展商品生产基地；②建立以科技服务为先导的社会化服务体系；③建立村级综合服务站；④组织专业合作社；⑤建立农村专业市场。

这一时期，中华全国供销合作总社为了顺应对外开放的形势，还加快了加入国际合作社联盟的步伐。1984 年 8 月 19 日至 24 日，在北京召开全国供销合作总社全国委员第 5 次扩大会议，作出了申请加入国际合作社联盟的决议。国际合作社联盟执行委员会在 1985 年 2 月 20 日举行的日内瓦会议上，一致通过接纳中华全国供销合作总社为国际合作社联盟成员组织。

四、供销合作社的改革发展新时期（1992—2009 年）

这一时期，供销合作社进行了一系列的改革发展新探索：1992—2001 年扭亏为盈，2002 年提出"四项改造"，2006 年提出建设"新网工程"。供销合作社积极参与农业产业化、参与社会主义新农村建设，以服务城乡一体化新格局的发展方式，充分展现其在新的历史条件下的地位和作用。

第一阶段，扭亏为盈阶段。1993 年中共中央十四届三中全会通过的《关于建立社会主义市场经济体制若干问题的决定》明确指出，"各级供销合作社要深入改革，真正办成农民的合作经济组织，积极探索向综合性服务组织发展的新路子""发展各种形式的贸工农一体化经营，把生产、加工、供销环节紧密结合起来"。

为此，供销合作社朝着建立以骨干产品为龙头的生产、加工、储藏、运输、技术等多功能、一体化服务体系的方向发展。但由于供销合作社体制几经变化，集体所有制性质不清；全国性的组织体系一直没有恢复起来，无法统一协调、指导全国供销合作社的改革和发展；一些地区社有资产流失严重；有的地方供销社经营萎缩、效益下滑、包袱沉重、已难以为继。

正是在这一背景下，1995 年 2 月 27 日，中共中央、国务院发布的《关于深化供销合作社改革的决定》（中发〔1995〕5 号）指出深化供销合作社改革的总体思路是：从农村经济发展的需要、建立社会主义市场经济体制的要求、供销合作社自身改革的迫切需要出发，紧紧围绕把供销合作社真正办成农民的合作经济组织这个目标，抓住理顺组织体制、强化服务功能、完善经营机制、加强监督管理和给予保护扶持等五个环节，以基层社为重点，采取切实有力的改革措施，使供销合作社真正体现农民合作经济组织的性质，真正实现为农业、农村和农民提供综合服务的宗旨，真正成为加强党和政府与农民密切联系的桥梁和纽带。同时，决定成立中华全国供销合作总社，明确了它的职能和任务，并代表中国合作社参与国际合作社联盟的各项活动。

1995年5月中华全国供销合作总社第二次代表大会在京召开，会议总结了1954年以来特别是1982年改革以来的成绩和经验教训，提出了今后改革的方向："把供销合作社真正办成农民群众的合作经济组织，办成富有生机和活力的农村综合性服务组织，促进农业和农村经济的全面发展。"

围绕深化改革的目标，结合农业、农村经济发展的新特点，供销合作社进行了积极的探索和尝试：一是积极发展"龙头企业＋专业合作社＋农户"的贸工农一体化经营形式，参与和推动农业产业化经营；二是大力兴办村级综合服务站，引进连锁、配送等新型业态和营销组织形式，构筑和延伸在农村的综合服务网络；三是以领办农民专业合作社为切入点，对基层社进行脱胎换骨的改造，逐步变成真正的农民合作经济组织；四是加快基层社布局调整，按经济区域因地制宜地调整基层社的建制。

随着在社会主义市场经济体制建立并不断向纵深推进，1998年国务院下发了《关于深化化肥流通体制改革的通知》（国发〔1998〕39号）、《关于深化棉花流通体制改革的决定》（国发〔1998〕42号），使供销合作社享有的传统政策性经营业务全面放开，供销合作社开始全面走向市场。在国内国际经济发展大背景变化以及亚洲金融风暴的影响下，供销合作社没有处理好长远发展目标和当下发展目标的关系，加之历史包袱沉重、经营管理体制机制改革严重滞后，部分地方供销合作社吸收使用社员股金不规范，资产负债率不断增加，经营业务持续萎缩，社有资产流失越来越严重，市场竞争力每况愈下，从1992年起连续8年亏损，"扭亏为盈"成了供销合作社的头等大事。

针对这样严酷的现实，供销合作社的工作重点不得不进行调整。1999年2月，国务院专门发出了《关于解决当前供销合作社几个突出问题的通知》（国发〔1999〕5号），提出了支持供销合作社改革发展的若干政策措施。全国供销合作总社从加快供销合作社体制创新入手，提出了"一个坚持、三个转换"的总体思路，即坚持把供销合作社真正办成农民的合作经济组织这一根本目标不动摇，转换基层供销社体制、转换社有企业机制、转换联合社职能。围绕实现"三个转换"，重点采取加快基层社改革步伐、分类推进社有企业改革、发展现代经营方式、大力发展农村专业合作社和城市消费合作社、大力推进农业产业化经营等一系列具体措施。经过两年多的艰苦努力，到 2000 年年底，全国供销社系统一举扭亏为盈。

第二阶段，"四项改造"阶段。2002 年，通过深入调查研究，在系统总结改革探索经验、巩固扭亏为盈成果的基础上，中华全国供销合作总社提出了要把"四项改造"作为工作重点，即以参与农业产业化经营改造基层社，以实行产权多元化改造社有企业，以实现社企分开、开放办社改造联合社，以发展现代经营方式改造传统经营网络。全面推进供销合作社的改革和发展，使供销合作社的体制和机制不断地适应社会主义市场经济体制的要求。

"四项改造"的提出，进一步统一了全国供销社系统对供销合作社改革目标、方向、宗旨及措施的认识，统一了对供销合作社改革长期性、艰巨性、复杂性的认识。实践证明，"四项改造"切中供销社改革的要害，供销合作社各项工作都取得了新的进展，面貌发生了新变化：一是经济运行质量持续提高；二是现代农村流通服务网络建设扎实推进；三是农民专业合作经济组织快速发展；四是社有企业活力和竞争力不断增强；五是联合社职能切实转换；六是为农服务水平不断提高；七是政策环境逐步优化。从 1999 年起连续 10 年盈利，2008 年全国供销社系统实现利润 112 亿元，所有者权益达到 1109 亿元，形势越来越好。

在 2005 年召开的中华全国供销合作总社第四次代表大会上，国务院副总理回良玉同志充分肯定"四项改造"，并强调指出：经过多年的改革和发展，供销合作社正从主要承担政策性业务的单位发展成为自主经营、自负盈亏的独立的经济主体；从单纯流通领域的供销合作社发展成为农工商、产加销多领域全面合作的供销合作社；从单一的经营组织发展成为向农民提供经济、技术和文化多方面服务的综合服务组织。供销合作社在保障农业生产资料供应、搞活农产品流通、推进农业结构调整、促进农业产业化经营、活跃农村市场等方面发挥了重大的作用，为促进农业增产、农民增收、农村发展作出了重要的贡献。

第三阶段，"新网工程"阶段。党的十六届五中全会提出了建设社会主义新农村的目标。围绕为建设社会主义新农村作贡献这一主题，中华全国供销合作总社于 2006 年提出供销合作社在"十一五"期间的工作是要在夯实基层基础的同时充分发挥自身优势，加快建设"新农村现代流通服务网络工程"（简称"新网工程"）。

2006 年 5 月 16 日，国务院印发了《听取供销总社关于建设农村现代流通服务网络等有关工作汇报的会议纪要》（国阅〔2006〕52 号），对"新网工程"思路给予充分肯定，认为建设农村现代流通服务网络是促进现代农业建设的大事，是发展农村经济的好事，是为农民服务和为建设社会主义新农村办的实事，同时也是供销社系统适应现代流通要求、强化自身功能、提高服务水平必须抓好的一项重要工作，是生存之需、发展之要。2007 年和 2008 年的"中央一号文件"都指出，要加快建设新农村现代流通网络。

2008 年 1 月 27 日，时位中共中央政治局委员、国务院副总理回良玉在出席中华全国供销合作总社第四届理事会第四次全体会议暨全国供销合作社系统先进集体、劳动模范和先进工作者表彰大会时强调，要准确把握农业农村发展的新形势，深刻领会党的十七大关于"三农"工作的新部署，认真贯彻中央农村工作会议的新要求，坚持为农服务的方向，坚持合作制的基本原则，坚持开放办社的方针，积极推进组织创新、经营创新、服务创新，努力使供销合作社成为农业社会化服务的骨干力量、农村现代流通的主导力量、农民专业合作的带动力量，不断开创中国特色供销合作事业的新局面。

为动员全国供销社系统进一步集中精力、凝聚智慧，推动"新网工程"建设取得实质性进展，2008 年 5 月召开了全国供销合作社系统"新网工程"建设经验交流会。会议深入探讨了"新网工程"建设规律，全面梳理了"新网工程"建设思路，对如何进一步扎实推进"新网工程"建设进行了再动员、再部署。经过系统上下的共同努力，"新网工程"建设呈现出经营服务网络快速延伸、经营业态不断创新、信息化标准化水平不断提升、资金支撑体系日趋完善的良好局面。截至目前，全国供销社系统开展农业生产资料和日用消费品连锁经营、配送业务的企业达4500 多家，其中，年销售额超亿元的有 214 家；开展商品批发经营的交易市场有5694 个，其中，年交易额超亿元的有 296 个；全国供销社系统共发展超市、综合服务社、再生资源回收站（点）等经营服务网点 62 万多个，覆盖全国行政村总数的 33％。"新网工程"建设取得显著进展，在农村现代流通中的主导作用日益凸显。

为了进一步贯彻落实科学发展观，加快供销合作社的改革发展，2008 年11 月，全国供销合作总社召开了全国供销合作社系统第一次企业工作会议；2009 年 4 月，召开了全国供销合作社行业协会工作会议；2009 年 5 月，召开了总社恢复成立以来的第一次全国县级供销合作社工作会议，全面部署了新形势下供销合作社改革发展的各项任务。

回顾 60 年来中国供销合作社曲折发展的历程，我们曾经"僵化"：在极"左"思想的指导下，主观臆断，用行政命令、违背社会经济发展规律的办法来发展合作社；在合作社的发展上，一边倒地盲目照搬前苏联模式；改革开放以后，也有人倡导照搬欧美模式；所有这些，都被实践证明是失败的，脱离了中国国情。实际上，毛泽东同志早在总结延安南区合作社发展经验和特点时就指出，要冲破合作社发展上的教条主义、形式主义、公式主义，不拘成规，坚持公私兼顾，劳资两利，面向社员的方针。因此，在合作社的发展上，坚持走中国特色供销合作社发展道路，是历史、现实和国际比较的结果，是必由之路。

五、深化供销合作社的综合改革新时期（2015 年至今）

（一）政策方针

以习近平新时代中国特色社会主义思想为指导，2015 年，中共中央、国务院发布了《中共中央　国务院关于深化供销合作社综合改革的决定》，该文件提出了深化供销社综合改革的总要求并指明了发展的方向，即拓展供销合作社经营服务领域、推进供销合作社基层社改造、创新供销合作社联合社治理机制，同时指出应加强对供销合作社综合改革的领导。

中华供销合作总社全面学习并积极贯彻执行《中共中央　国务院关于深化供销合作社综合改革的决定》，先后印发《供销合作社培育壮大工程实施意见》《2020年深化供销合作社综合改革重点工作任务书》《2021 年深化供销合作社综合改革重点工作任务书》等文件，并相继提出了"关于进一步做好开放办社工作""深化供销合作社综合改革"的指导意见。《2021 年深化供销合作社综合改革重点工作任务书》，相比于 2020 年改革重点任务，进一步提出开展"三位一体"综合合作试点、实施县域城乡融合综合服务平台建设工程、推动《供销合作社条例》制定的改革重点任务。"关于进一步做好开放办社工作"的指导意见提出了开放办社的必要性、总体要求、工作重点和工作保障。而于 2021 年 7 月中华全国供销合作总社、中央农办、中国人民银行、中国银保监会等 4 部门出台的"深化供销合作社综合改革"指导意见则是关于进一步开展生产、供销、信用"三位一体"综合合作试点，打造若干具有示范引领作用的"三位一体"试点单位。

（二）主要目标

到2023年，把供销合作社系统打造成为与农民联结更紧密、为农服务功能更完备、市场化运行更高效的合作经济组织体系，成为服务农民生产生活的主力军和综合平台，成为党和政府密切联系农民群众的桥梁与纽带，切实在农业现代化中更好地发挥作用。

与农民利益联结更紧密。进一步增加基层社的乡镇覆盖率，提高基层社发展数量，提升基层社发展质量。基层社发展到3.9万个，农民社员超过800万人；领办农民专业合作社22万家以上、农民专业合作社联合社1万家以上；发展农村综合服务社45万家，行政村覆盖率达到85％以上。

为农服务功能更完备。供销合作系统普遍建成功能完备、特色突出、运作规范的为农服务中心，发展庄稼医院7.3万家，土地托管等面积达到2.6亿亩，建立农业生产服务中心1.5万个，形成供销合作社农业社会化服务标准和规范。农村现代流通骨干作用更加凸显，稳步开展生产、供销、信用"三位一体"综合合作试点、县域融合综合服务平台建设工程、补齐农村物流短板，广泛参与农村社会治理、公益服务、面源污染，形成供销合作社特色服务优势和服务品牌。

市场运作更有效。供销合作社系统初步建立社企分开、上下贯通、整体协调运转的双线运行机制；社有企业普遍建立现代企业制度，面向市场自主经营、自负盈亏；同时，社有企业发挥带头作用，整合县级各类主体资源，建设县域城乡融合综合服务平台，比如县级运营中心、乡镇级为农服务综合体、村级服务站点等；基层社与农民、村集体组织、农民专业合作社等广泛建立劳动合作、资金合作、土地合作、业务合作等关系。基本建立符合市场经济要求和合作经济组织特点的人才培养机制。

（三）重点任务

1. 加强基层组织建设

一是强化基层社合作经济组织属性。按照合作制原则，广泛吸纳小农户、各类合作经济组织、新型农业经营主体加入基层社，增强基层社的组织活力，激发其内生发展动力。完善基层社治理机制，遵循基层社社员代表大会、理事会、监事会制度，充分听取社员意见，尊重社员意愿，把基层社创办为开放、民主、共赢的合作经济组织。健全基层社利益分配机制，完善以交易量返还和股金分红相结合的分配机制，切实保障农民利益。优化人才储备体系，选出具有真才实干、经验丰富、前沿理念的人才担任基层社领导，比如乡村能人、致富能手、大学生村官等。

二是推进薄弱基层社改造。总社制定基层社建设指南，指导各地因地制宜推进基层社建设，提升基层社整体发展质量和为农服务能力。采取县社投资、财政扶持、社企共建、村社共建、农民出资、农民主办等方式，推进薄弱基层社逐步恢复发展经营服务业务，密切与农民的利益联结。在有条件的地区按照"农民社员主体、自主经营实体、合作经济组织联合体和经济实力强、服务能力强"的要求创办标杆基层社，引导其他基层社提质增效。各级联合社要将资源投向基层社并给予其扶持性政策优惠。

三是加强基层社集体资产管理。建立健全基层社资产监管制度，严格管理人员，创新监管方式，完善对基层社集体资产的监管机制。县级联合社加强对基层社集体资产的统筹运营管理，盘活基层社集体资产，通过灵活多样的形式整合资源推进乡镇级为农服务综合体、村级服务站点的县域综合服务网络的建设。

2. 拓展为农服务功能

一是开展生产、供销、信用"三位一体"综合合作试点。发挥供销合作社骨干作用，推动"三位一体"综合合作向更大范围、更深层次发展，丰富服务内涵，提升服务功能，扩大服务领域。加快内部资源整合，在生产、流通、资金等方面发挥供销合作优势，带动农民开展生产合作、消费合作、信用合作，完善多重合作服务功能。加强外部业务协作，支持有条件的地方建立供销合作社、农民专业合作社、农村信用合作社融合发展机制，实现三类合作组织业务协同、功能叠加、服务互补。着力打造区域性的综合合作体系，完善产业经营服务，拓展资本经营服务，承接政府委托服务，引导产业链、服务链、资金链等各个环节融合互通，使参与各方共同收益，实现服务功能体系化、规模化。因地制宜推进农村合作经济组织联合会建设，引导农村各类合作经济组织和农村经纪人队伍健康发展。

二是实施县域城乡融合综合服务平台建设工程。把县域作为城乡融合发展的重要切入点，强化顶层设计和统一布局，破除城乡分割的体制弊端，加快打通城乡要素平等交换、双向流动的制度性通道。统筹县域产业、基础设施、公共服务、基本农田、生态保护、城镇开发、村落分布等空间布局，强化县城综合服务能力，把乡镇建设成服务农民的区域中心，实现县乡村功能衔接互补。壮大县域经济，承接适宜产业转移，培育支柱产业。推进以县城为重要载体的城镇化建设，有条件的地区按照小城市标准建设县城。积极推进扩权强镇，规划建设一批重点镇。开展乡村全域土地综合整治试点。推动在县域就业的农民工就地市民化，增加适应进城农民刚性需求的住房供给。鼓励地方建设返乡入乡创业园和孵化实训基地。同时，发挥社有企业带动作用，依托县级社整合各类主体资源，建设县级运营中心、乡镇级为农服务综合体、村级服务站点的县域综合服务网络。

三是加快发展农业社会化服务。围绕破解"谁来种地"这一问题，供销合作社采取土地托管、代耕代种、股份合作等多种方式破解。围绕"地怎么种"这一问题，供销合作社为农户提供农资采买、农机作业、收储加工等服务，推动农业适度规模经营。总社依托供销合作社系统资源，推动有条件的社有企业和农业社会化服务主体组建农业社会化服务联盟，提供全产业链的综合性服务。充分发挥涉农科研院所、职业学校、庄稼医院的专业背景，积极向农户推广新技术、新产品。此外，提升现代农业流通体系。加强供销合作系统流通网络建设，推进多种形式的产销对接。建设运营好"832平台"，对接贫困县农副产品入驻。重点推进农批市场、冷链物流、产地收集市场及仓储设施建设。加快发展供销合作社电子商务，顺应商业模式和消费方式变化趋势，形成全链条产供销一体化经营，实现线上线下的融合发展。

四是强化综合服务功能。为适应新型城镇和新型农村发展需要，供销合作社为农民提供绿色农资、冷链物流、乡村治理等综合服务。实施"绿色农资"行动，推动全国供销社系统做好农资储备工作，保障农资统一配供。支持一批冷链物流龙头企业，做好产地预冷工作及建设冷藏保鲜设施，提高"最后一公里"冷配水平。发展乡村旅游、生态养生、休闲观光等服务业。治理乡村人居环境，发展乡村医疗水平，创办高质量教育基地，携手建设美丽乡村。

3. 创新联合社治理机制

一是理顺联合社与社有企业的关系。构建联合社机关主导的行业指导体系和社有企业支撑的经营服务体系，形成社企分开、上下贯通、整体协调运转的双线运行机制。推动联合社机关由上而下构建行业指导体系，强化行业规范、教育培训、调研指导、政策协调、监督管理等职责和能力，帮助成员社和基层社解决实际发展困难和存在问题，有效发挥行业指导作用。推动社有企业坚守为农服务方向，做好战略发展规划，推进产业布局优化和经营方式创新，提升市场化运营水平和综合实力，构建联结城乡的经营服务体系，切实发挥为农服务作用。联合社组建资产运营平台，统筹管理出资企业，推动联合社实现由直接管企业向以资本为主加强对社有资产监管的转变。推动各级社有企业、基层社之间开展产权业务合作，促进行业指导体系和经营服务体系上下贯通、整体协调、高效运转。

二是完善联合社治理结构。规范和加强联合社、省级、市级、县级建立理事会、监事会，落实定期召开社员代表大会的要求。推动联合社创新治理机制、优化职能。健全层级间工作评价和考核机制。上级社根据年度工作任务重点建立评价体系对下级社进行考核，成员社依据相关指标体系对联合社进行评价考核。建立供销合作社合作发展基金，以多种形式筹措合作发展基金，切实在为农服务中发挥作用。

三是深化社有企业改革。加快建立现代企业制度，深化产权制度改革，健全社有企业法人治理机构，推进管理体系和管理能力现代化。健全市场化经营机制，深化"三项制度"改革，灵活开展中长期激励。聚焦主责主业，优化社有资本布局，推动社有资本向为农服务主业集中，推进传统业务转型升级，培育发展新动能。构建联合机制，推动跨区域横向联合和跨层级纵向整合，推进产业链上下游协同发展。完善社有企业监管机制，健全社有资产管理制度，完善资产监管体系。加强人才培养，优化选人用人机制，拓宽人才引进渠道。加大日常人员培训力度，完善培训体系和培训计划。创新农业生产方式，提升城乡商贸服务，优化农村信用服务，发展城乡环境服务，开拓乡村消费服务。

4. 推动"供销合作社条例"制定出台

如前所述，为深入促进供销合作社综合改革，推动"供销合作社条例"尽快出台，支持司法部前期调研、立法审查工作，促使相关座谈会、论证会顺利举办，为深化供销合作社综合改革提供立法保障（见表 1）。

表 1　省供销合作社条例范例

序号	省供销合作社条例	出台时间
1	吉林省供销合作社条例	1996 年 9 月
2	新疆维吾尔自治区供销合作社条例	1997 年 8 月
3	贵州省促进供销合作社发展条例	2012 年 9 月
4	四川省供销合作社条例	2023 年 3 月

目前，已有部分省份出台了供销合作社条例，1996 年 9 月，吉林省出台了供销合作社条例，到 2023 年 3 月四川省出台供销合作社条例，跨度长达 27 年。各省供销合作社条例对供销合作社的组织性质、联合社与基层社的关系、供销合作社的盈余分配等规定都有不同。出台全国统一的供销合作社条例十分必要。

第八部分 供销合作社政策学习

供销合作社作为中国共产党领导下的综合性合作经济组织，在推动我国农业、农村和农民发展方面发挥着举足轻重的作用。这一组织在党的百年奋斗历程中，经历了从无到有、从小到大的发展壮大过程，不仅积极适应着国家经济建设、城乡商贸流通和农业生产的变化，还推动着这些领域的进步与发展。可以说，供销合作社的发展史是一部充满艰辛与辉煌的历程，凝聚了中国共产党领导下广大人民群众的智慧与汗水。

在不同的历史时期，党和国家都面临着不同的中心任务和客观形势。而供销合作社始终紧密围绕党和国家的中心工作，积极响应号召，采取有力措施，充分发挥其在国家各项事业中的重要作用。在革命战争年代，供销合作社为红军提供了必要的物资保障，为革命胜利奠定了坚实的基础。在社会主义建设时期，供销合作社积极参与国家经济建设，为城乡商贸流通和农业生产提供了有力支持。在改革开放新时期，供销合作社更是勇立潮头，不断创新发展，为推动我国农业现代化和乡村振兴作出了重要贡献。

党的十八大以来，党中央对供销合作社工作给予了前所未有的高度关注。党中央明确指出，供销合作社是党和政府密切联系农民群众的桥梁与纽带，是推动农村经济社会发展的重要力量。因此，党中央将供销合作社工作置于"三农"工作的核心位置，全面推进供销合作社的综合改革。

在坚持社会主义市场经济改革方向的基础上，党中央着力增强供销合作社的经济实力，提升其服务"三农"的能力。通过一系列的政策措施，鼓励和支持供销合作社参与农村产业融合发展，推动农业现代化和乡村振兴。同时，供销合作社也积极探索创新服务模式，提高服务效率和质量，为农民提供更加便捷、高效的服务。例如，供销合作社通过建设农村电商平台，将农产品销售到全国各地，帮助农民拓宽销售渠道，增加收入。此外，供销合作社还积极开展农业技术培训、金融服务等多元化服务，满足农民多元化的需求。

在供销合作社的推动下，我国农业生产方式不断优化，农村产业结构不断调整，农民收入水平不断提高。供销合作社还积极引进新品种、新技术和新设备，推动农业科技创新，提高农业生产效益和竞争力。同时，供销合作社还通过举办农产品展览、农产品品牌建设等活动，提高农产品的知名度和美誉度，进一步促进了农村经济的繁荣发展。

总的来说，供销合作社在推动我国农业、农村和农民发展方面发挥了至关重要的作用。未来，随着国家对"三农"工作的不断重视和支持，供销合作社将继续发挥自身优势，不断创新发展，为推动我国农业现代化和乡村振兴作出更大的贡献。

一、《中共中央　国务院关于深化供销合作社综合改革的决定》（中发〔2015〕11号）的政策学习

2015年4月2日，中国政府网公布《中共中央　国务院关于深化供销合作社综合改革的决定》（中发〔2015〕11号）（以下简称《决定》）。《决定》全面阐述了深化供销合作社综合改革的总体要求，明确了拓展供销合作社经营服务领域、更好履行为农服务职责的具体举措。同时，对推进供销合作社基层社改造、密切与农民的利益联结进行了系统部署，旨在增强服务"三农"的综合实力。此外，《决定》还着重强调了创新供销合作社联合社治理机制的重要性，并提出了加强对供销合作社综合改革领导的具体要求。该决定共包含5部分19条内容，为供销合作社综合改革提供了有力的政策支持和指导。《决定》提出了深化供销合作社改革的总体思路：从农村经济发展的需要、从建立社会主义市场经济体制的要求、从供销合作社自身改革的迫切需要出发，紧紧围绕把供销合作社真正办成农民的合作经济组织这个目标，抓住理顺组织体制、强化服务功能、完善经营机制、加强监督管理和给予保护扶持等5个环节，以基层社为重点，采取切实有力的政策措施使供销合作社真正体现农民合作经济组织的性质，真正体现为农业、农村和农民提供综合服务的宗旨，真正成为加强党和政府与农民密切联系的桥梁和纽带。

（一）坚持以为农服务为主线

当前，我国工业化、信息化和城镇化的步伐正在以惊人的速度向前推进，与此同时，农业现代化的进程也在逐步深化，这一系列的变革标志着农村经济社会发展已经迎来了一个全新的时期。随着农业生产技术的不断提升以及市场需求的不断变化，农业生产经营模式也在经历着重大转变，而适度规模经营的稳定推进更是为这一转变提供了有力支持。在这样的背景下，发展一种能够贯穿始终、功能全面且高效便捷的农业社会化服务显得尤为重要。这种服务不仅能够满足农业生产的需求，还能够促进农业产业链的完善和升级，进而推动整个农业经济的持续发展。同时，农民的生活需求也在不断提升，他们渴望获得更加丰富多元、实惠便利的生活服务，包括文化娱乐、医疗保健、教育培训等方面的内容。为了进一步强化农业基础并更好地满足农民的需求，我们迫切需要构建一个融合中国特色的综合性为农服务组织。这一组织应该具备以下几个方面的特点：首先，它应该是一个多功能的组织，能够涵盖农业生产、加工、销售等各个环节，为农民提供全方位的服务；其次，它应该是一个高效的组织，能够迅速响应市场需求，为农民提供及时有效的服务；最后，它还应该是一个具有创新精神的组织，能够不断探索新的服务模式和技术手段，推动农业现代化进程的不断深化。

长期以来，供销合作社深深植根于农村，与农民紧密相连，凭借其完整的组织体系、健全的经营网络以及完备的服务功能，完全有潜力成为推动农业现代化进程中的中坚力量。我们应当充分发挥这一力量的优势。然而，我们也必须正视现状，即供销合作社与农民之间的合作尚不够紧密，其综合服务能力有待提升，各级之间的联系相对松散，且其运营体制仍需进一步完善。因此，我们必须通过深化综合改革，进一步挖掘其内在潜力和激发其发展活力，以便在发展现代农业、助力农民增收以及促进城乡经济繁荣的过程中，更好地发挥其独特优势，并承担起更重大的责任。

当前我国正处于从传统农业向现代农业快速过渡的转型期，这一转变不仅意味着农业生产方式的革新，更意味着农村劳动力的结构调整和农业经营模式的创新。在这一关键的历史节点上，农村劳动力结构发生的显著变化，使得"谁来种地"和"地怎么种"这两个问题成为我们亟待解决的焦点问题。因此，构建一个以社会化服务为核心支撑的现代农业经营新框架，对于推动农业现代化、提高农业生产效率、保障粮食安全等方面都具有重要的战略意义。全国供销合作总社强调，供销合作社在构建新型农业经营体系及社会化服务体系方面发挥着举足轻重的作用。这得益于供销合作社悠久的历史和坚实的基础，以及其完善的组织体系和服务网络。同时，供销合作社还拥有广泛的群众基础，能够深入农村基层，直接服务于广大农民群众。近年来，供销合作社经过数年的深化改革，已经焕发出新的活力。在经济实力方面，供销合作社的实力得到了显著提升。以 2014 年为例，全国供销社系统销售额高达 3.76 万亿元，利润达到 354 亿元，这些数字充分展示了供销合作社在经济发展中的强劲势头。在服务能力方面，供销合作社同样取得了显著的进展。目前，供销合作社拥有基层社 2.5 万个，村级综合服务社 33.7 万个，农民合作社 11.4 万个，庄稼医院 5.1 万个，有多达 105.5 万个的现代经营服务网点。这些服务网点遍布城乡各地，为广大农民群众提供了便捷、高效的农业社会化服务。在构建现代农业经营新框架的过程中，供销合作社凭借其独特的优势，正逐渐成为推动农业现代化发展的重要力量。通过整合各方资源，供销合作社能够为农民提供从种子、化肥、农机等生产资料到农产品销售、加工、储运等全方位的服务。这不仅降低了农民的生产成本，提高了农业生产效率，还有助于推动农业产业链的完善和升级。此外，供销合作社还积极参与农村电商、农产品品牌建设等新兴领域的发展，通过线上线下相结合的方式，将农产品销售市场拓展到全国乃至全球范围。这不仅提高了农产品的附加值和市场竞争力，也为农民增加了收入来源，推动了农村经济的繁荣发展。

综上所述，供销合作社在构建以社会化服务为核心支撑的现代农业经营新框架中发挥着至关重要的作用。未来，我们应进一步深化改革，加强供销合作社的组织建设和服务创新，使其更好地服务于农业现代化发展的大局。同时，我们还应积极引导和鼓励更多社会力量参与农业社会化服务体系建设，共同推动我国农业实现高质量发展。

尽管供销合作社在其发展过程中长期受到一些体制机制矛盾的困扰，这些矛盾尚未得到根本性的解决，但《决定》为我们描绘了一幅崭新的发展蓝图。这份具有里程碑意义的文件，不仅为我们指明了前进的方向，还赋予了我们实现目标的坚定信心。《决定》明确提出到 2020 年供销合作社系统的发展目标，即构建一个深度联结农民、服务农业功能全面、市场化运作高效的合作经济组织体系。这一目标体现了我们对供销合作社未来发展的全面规划和深入思考，旨在将其打造成为农民生产生活的中坚力量和综合平台。为了实现这一目标，我们需要从多个方面入手。首先，要深化供销合作社与农民之间的联结。通过加强组织建设、完善服务网络、提升服务质量等方式，使供销合作社成为农民信得过的合作伙伴。同时，我们还要积极推广先进的农业技术和经营模式，帮助农民提高生产效率和经济效益。其次，要拓展供销合作社的服务功能。除了传统的购销业务外，还应发展农产品加工、仓储、物流等多元化服务，形成产业链条的完整闭环。这将有助于提升供销合作社的市场竞争力，并更好地满足农民的需求。最后，要推动供销合作社的市场化运作。通过引入现代企业管理制度、加强内部管理和风险控制等方式，使供销合作社在市场竞争中立于不败之地。同时，我们还要积极寻求与政府、企业等各方的合作机会，共同推动农业现代化的进程。在构建这一合作经济组织体系的过程中，供销合作社将不仅仅是一个服务农民生产生活的中坚力量和综合平台，更将成为党和政府连接农民群众的坚实桥梁。通过供销合作社的努力和贡献，我们将确保在农业现代化的道路上发挥不可或缺的作用，为农民带来更加美好的生活。为了实现这一目标，我们需要全社会共同努力：政府应加大对供销合作社的支持力度，提供政策扶持和资金保障；企业也应积极参与其中，发挥自身优势为农民提供更多元化的服务；农民朋友们则要积极投身到供销合作社的建设中来，共同推动农业现代化的进程。

总之，《决定》为我们指明了供销合作社未来的发展方向和目标。我们要以更加坚定的信心和更加有力的措施，推动供销合作社不断向前发展，为实现农业现代化和乡村振兴作出更大的贡献。全国供销合作总社李春生同志强调，为农服务是供销合作社的核心价值所在，是其存在和发展的根本。在深化供销合作社综合改革的各个环节中，为农服务始终是贯穿始终的核心理念。我们推行的每一项改革措施，其根本是强化供销合作社在为农服务方面的独特优势和关键作用。

（二）密切与农民利益联结

供销合作社之所以独树一帜，其本质特性与独特优势皆源于其合作经济的属性。然而，当前由于多种因素，供销合作社的合作经济特色并未得到充分展现，特别是在县以下直接服务农民的基层社中，这一特色显得尤为薄弱。根据《决定》的指导，基层社是供销合作社体系中，在县以下层级直接服务农民的关键性经营服务机构，它承载着供销合作社为"三农"服务的核心使命。为了强化合作经济的特色，我们需要按照加强合作、鼓励农民参与、深化为农服务的原则，因地制宜地推动基层社的改造工作。这一改造的目标是构建起更加规范、以农民社员为核心的合作组织，确保农民能够从中受益，同时推动基层社自身的持续发展，实现双赢的局面。

通过推进供销合作社基层社的改造，不断加强合作经济特性，并与农民的利益紧密相连，这已成为评判供销合作社综合改革是否能取得显著进展的关键指标。《决定》明确指出，需根据地方实际情况，按照增强合作、鼓励农民参与、为农业服务的要求，积极推动基层社的革新。同时，《决定》建议采用合作制、股份合作制等多种形式，广泛吸收农民及各类新兴农业经营主体加入，以深化基层社与农民在组织和经济层面的联系，确保农民的投资、参与和受益。为实现这一目标，需具体落实以下四项措施。

一是为了加强基层合作社的经济组织特性，我们需要采取一系列积极有效的措施，以扩大合作社的影响力和凝聚力。首先，我们应通过多种方式，如劳动合作、资本联手、土地共享等，积极吸纳广大农民和各类新型农业经营主体加入合作社。这些方式不仅能够帮助农民实现资源共享和优势互补，还能提升基层社的整体实力和市场竞争力。在吸纳新成员的过程中，我们应注重采用多样化的合作形式。合作制、股份合作制等模式可以根据实际情况进行选择，以满足不同农民和新型农业经营主体的需求。其次，我们还应加强宣传教育，提高农民对合作社的认识和参与度，增强他们的组织归属感。为了加强基层社与农民之间的组织联系和经济纽带，我们还应遵循合作制原则，加快改进和完善治理结构。实施基层社社员代表大会、理事会、监事会等制度，可以确保合作社的决策更加民主、科学、有效。通过这些制度的实施，农民社员在经营和管理事务中的参与程度与发言权将得到提升，从而进一步增强他们的主人翁意识。再次，我们还需扩大基层社负责人的选拔范围，积极鼓励和吸纳村"两委"负责人、乡村能人等有识之士参与合作社的选举。这些有识之士具有丰富的管理经验和广泛的社会资源，他们的加入将为合作社的发展注入新的活力。最后，我们还应加强对基层社负责人的培训和指导，提高他们的专业素养和管理能力。在规范基层社与农民社员之间的利益关系方面，我们将建立一套科学合理的利益分配机制。这一机制将结合交易额返利和股份分红等多种方式，确保农民的投资有所回报，参与有所得，真正受益。同时，我们还将加强对合作社财务的监管和审计，确保利益分配的公平、公正、透明。总之，加强基层合作社的经济组织特性是一项长期而艰巨的任务。我们需要不断创新思路和方法，积极探索适合当地实际情况的发展路径。只有这样，我们才能推动基层合作社健康发展，为乡村振兴和农业现代化作出积极贡献。

二是为了推动基层社的快速发展，我们需要实施一系列有针对性的改造措施。首先，针对经济实力雄厚的基层社，我们应积极扩展其服务范畴，努力在生产、供销、消费、信用等领域深化合作，促使其发展成为以农民为主体的全面综合性合作社。而对于经济实力相对较弱的基层社，我们应综合运用政策引导、联合社援助、社有企业带动等手段，着重提升其服务能力，并通过提供优质服务来加强与农民的紧密联系，进一步巩固与农民的联合与合作。其次，我们需根据农民的实际需求和供销合作社的实际情况，逐步将已承包或租赁的基层社网点整合进供销合作社的经营服务体系。同时，在没有基层社覆盖的地区，我们应加快经营服务网点的建设，新建的基层社应遵循合作制原则进行规范化管理。通过这一系列的举措，我们期待基层社能够更好地服务农民，促进农业和农村的持续发展。

三是我们致力于引领和创建高效运作的农民专业合作社。通过集体出资、共创知名品牌、共享盈利等方式，我们将打造一批管理民主化、制度完善化、产权明晰化，且具有强大带动力的农民专业合作社。在充分尊重农民意愿的基础上，我们将积极引导他们成立农民专业合作社联合社，以最大化发挥供销合作社作为综合性服务平台的优势，推动农民专业合作社围绕当地特色产业，提供一系列专业化服务。同时，我们还将加强基层社与农村集体经济组织、基层农技推广机构、龙头企业等之间的紧密合作，共同形成一股强大的合力，为农民的生产生活提供全方位的支持。

四是为强化基层社的发展动力，我们需要优化对基层社的扶持政策。首先，国家应当将扶持供销合作社的政策重心转移到基层社上，各级联合社的资源也应更多地向基层社集中，确保基层社得到充足的资源支持。其次，我们应鼓励并支持基层社在相关涉农政策和项目中扮演重要角色，承担起公益性服务的职责。此外，对于满足条件的基层社，我们应支持其以农民专业合作社的身份进行工商登记注册，以便更好地发挥其作用。在此过程中，我们还应允许财政项目资金直接投向注册后的基层社，以加强其经济实力。最后，对于财政补助所形成的资产，我们应允许其转交给注册后的基层社持有和管理，以确保这些资产得到妥善利用，进一步推动基层社的发展。

李春生在谈及供销合作社现状时指出，目前供销合作社所拥有的 2.5 万个基层社面临着发展不均衡且情况错综复杂的挑战。然而，值得一提的是，《决定》文件中针对基层社的发展提出了一系列具体的扶持政策，这些政策在指导基层社改造的过程中具有极强的现实针对性和指导意义。他进一步强调，在推进改革的过程中，我们必须充分考虑基层的实际情况，遵循分类指导、稳步推进的原则。对于那些条件成熟的基层社，我们应加快其转型为以农民为主体的综合性合作社；而对于那些当前条件尚不成熟的基层社，则可通过发展经营服务业务来逐步加深与农民的联系。

（三）创新机制，增强服务"三农"实力

《决定》明确指出，联合社作为供销合作社的联合组织，在引领供销合作事业发展中扮演着举足轻重的角色。为了充分发挥其领导作用，各级联合社需深化体制改革，创新运行机制，并理顺社企之间的关系，同时加强层级间的紧密联系。这样做的目的是构建一个以联合社机关为主导的行业指导体系，并由社有企业提供有力支撑的经营服务体系。最终，这一体系将实现社企之间的明确分工、上下级之间的顺畅沟通以及整体的协调运转，从而确保双线运行机制的有效实施。

为了构建以联合社为核心的行业指导体系，我们需要从多个层面进行细致的规划和实施。首先，中华全国供销合作总社应全面展现其在引领全国供销合作事业发展中的核心作用，深入贯彻中共中央、国务院关于"三农"工作的方针政策，精心制定并执行发展战略和规划，为全国供销社系统的改革和发展提供方向性指导。同时，作为中国合作社的代表，积极参与国际合作社联盟事务，展现中国供销合作事业的国际形象。在省级和市地级层面，联合社应强化对本区域内供销合作社的行业管理，协调政策执行，加强资产监管，并提供有效的教育培训。确保上级社和地方党委、政府的决策部署得到有效贯彻和落实。而在县级层面，联合社应成为基层社改造的组织者和推动者，强化市场运营能力，努力打造直接面向农民的生产生活服务网络，确保服务更加贴近农民需求，提升供销合作事业的整体服务质量和水平。

在强化联合社层级间协作的基础上，我们应当进一步聚焦于提升联合社对成员社以及基层社的服务水平。为实现这一目标，必须切实落实县级以上联合社对成员社的资产监管责任，并建立健全成员社对联合社工作的评价体系以及联合社对成员社的工作考核机制。同时，我们应充实供销合作社的合作发展基金，确保各级联合

社将当年社有资产收益的至少 20％注入本级供销合作社合作发展基金。在此基础上，鼓励省、市地、县级联合社在自愿的前提下，将本级合作发展基金的一部分上缴至上一级联合社合作发展基金，以实现资源的集中管理和统筹利用，重点支持基层社的建设和为农服务。此外，我们还需尽快制定合作发展基金的运行和管理办法，确保出资成员的权益得到明确保障，基金的运行过程公开透明、规范高效，从而确保合作发展基金能够真正发挥其应有的作用，推动供销合作社事业的持续健康发展。

为了构建由社有企业坚实支撑的经营服务体系，我们需要全面深化社有企业改革，通过优化治理结构来增强其发展活力和对农业服务的实力。在此过程中，我们需要加速完善现代企业制度，健全法人治理结构，并建立与绩效紧密相连的激励约束机制。进一步，我们要强化各层级社有企业间的产权、资本和业务联系，推动它们之间的相互参股，共同建立投资平台，促进跨区域的横向联合以及跨层级的纵向整合，以实现资源共享和共同发展。为了扩大社有企业的规模和提升竞争力，我们应积极推动其并购重组，特别是在农资、棉花、粮油、鲜活农产品等重要涉农领域以及再生资源行业，着力培育一批具有市场影响力的大型企业集团。整个社有企业改革过程必须保持公开透明、规范操作，设立必要的"防火墙"和"隔离带"，以严防社有资产的流失。此外，我们应允许上级社依法将争取到的同级财政扶持资金以股权形式投入下级社，以此促进社有企业的持续发展。同时，支持社有企业承担化肥、农药等国家储备任务，并鼓励符合条件的社有企业积极参与大宗农产品的政策性收储工作，以保障国家粮食安全和农业生产的稳定。

在重新构建联合社与社有企业之间关系的过程中，我们应当重视以下几个方面。首先，联合社机关应确保社有企业坚定地为农服务，加强社有资产的监管，以实现资产的保值增值。其次，社有企业应当面向市场，自主经营、自负盈亏，以确保其运营的高效与灵活性。对于各级供销合作社理事会，其作为本级社属资产和所属企事业单位资产的所有权代表和管理者，应切实履行社有资产出资人代表的职责。同时，理事会也应进一步强化其监督职能，确保各项决策和执行的透明与规范。在管理体制上，联合社机关应设立社有资产管理委员会，并根据理事会的授权，建立社有资本经营预算制度。这一制度将接受审计机关和同级财政部门的监督，主要目的是以资本管理为核心，加强对社有资产的监管。为了更有效地管理社有企业，我们可以采用多种管理方式，如委派法人代表和特殊管理股股权管理等办法。此外，我们还可以探索组建社有资本投资公司，优化社有资本的布局，将重点投资用于为农服务领域，以推动农业的可持续发展。在改革过渡期内，为了确保工作的顺利进行，联合社机关中参照公务员法管理的人员，在确因工作需要并经相关机关批准的情况下，可以到本级社有企业兼职。但重要的是，他们不得在兼职企业领取报酬，以确保工作的公正性和效率。

为了推动联合社治理结构的创新，我们应当紧密贴合建设合作经济联合组织的要求，对各级联合社机关的机构设置和职能配置进行优化。在这一过程中，应更加灵活地运用市场经济手段，以确保更有效地履行行业指导职责，并坚决执行为农服务以及宏观调控的任务。为确保县及县以上联合社机关的稳定运行，我们将继续参照公务员法进行管理。同时，针对新进入联合社机关并参照公务员法管理的相关工作人员，我们将在遵循公务员法有关规定的前提下，探索并经批准实施聘任制，以增强组织的活力和创新能力。我们还将给予联合社机关在选择管理模式上的更多灵活性，允许不同发展水平的联合社根据实际情况，选择参照公务员管理模式或企业化管理模式。对于选择企业化运营的联合社，我们计划开展试点，使其不再纳入传统的编制管理范畴。在此过程中，我们将坚持积极稳妥的原则，确保程序严密，并在获得批准后实施。此外，我们还将大力推动行业协会的发展，通过实现协会与联合社的融合互补，促进双方的协同发展，共同为合作经济的繁荣贡献力量。

在县级联合社的发展上，我们应重点推动民主管理和开放办社的理念，致力于将其构建成为一个由基层社共同出资、广泛吸引各类合作经济组织参与，并实行民主管理的经济联合组织。为了激发县级联合社的内在活力，我们需要对其运行机制进行创新，逐步构建市场化的管理体系、经营模式和人才选拔机制。特别地，我们可以选择条件成熟的县级联合社作为试点，进行实体性合作经济组织的改革探索。同时，我们要统筹利用县域内供销合作社的资源，打造一个覆盖广泛、功能齐全的综合服务平台，以满足农民在生产和生活上的多样化需求。这个平台将成为县级联合社的重要抓手，通过提供规模化服务，形成明显的竞争优势，进而推动整个县域经济的持续健康发展。

（四）拓展服务领域

供销合作社应首要致力于服务农业、农民和乡村。其目标需紧密围绕农业现代化和农民的生产生活需求，从而推动供销合作社的服务范畴从单一的流通服务，向全程农业社会化服务延伸，并进一步扩展至全方位的城乡社区服务。我们要加快构建一个综合性、规模化、可持续的为农服务体系，特别是在农资供应、农产品流通以及农村服务等关键领域和环节，为农民提供便捷、实惠、安全且高质量的服务，确保农民能够享受到实实在在的利益。

在经济新常态的背景下，国内流通领域正经历着前所未有的变革，涉及产业组织方式、商业经营模式以及市场竞争格局的深刻调整。面对这样的新形势，我们必须思考如何有效解决农产品价格高昂和销售困难的问题，以及如何促进各种资源在城乡市场之间的自由流动。同时，我们还需要考虑如何应对新兴业态如"电子商务"所带来的挑战。为了应对这些问题，《决定》的出台提出了明确的指导方向，即推动供销合作社从单一的流通服务向全程农业社会化服务扩展，并进一步向全方位的城乡社区服务延伸。为实现这一目标，《决定》具体阐述了四项实施措施：

第一，为了革新农业生产服务的方式和手段，供销合作社需针对"谁来种地"和"地怎么种"等核心问题，采取一系列创新策略。这些策略包括大田托管、代耕代种、股份合作、以销定产等，旨在为广大农民和各类新型农业经营主体提供全方位的服务，覆盖农资供应、配方施肥、农机作业、病虫害统一防治以及收储加工等关键环节，进而推动农业向适度规模经营发展。在农资服务方式上，我们要促进农资销售与技术服务的紧密结合，并加快农资物联网的应用与示范项目的建设，以提高服务效率和质量。另外，供销合作社应充分发挥其科研院所、庄稼医院和职业院校在农业技术推广及农民技能培训中的积极作用，为农业现代化提供强大的智力支持。此外，供销合作社还应积极承担政府向社会力量购买的公共服务，为社会提供更多优质的农业生产服务，推动农业的可持续发展。

第二，为了显著提升农产品的流通服务水平，我们必须加强供销合作社在农产品流通网络建设上的力度，并不断创新流通方式，推动多元化产销对接模式。首先，将供销合作社的农产品市场建设纳入国家农产品市场发展的整体规划，在集散地构建规模宏大的农产品批发市场和现代化的物流中心，同时在农产品产地建立收集市场和仓储设施，并确保在城市社区布局生鲜超市等零售终端，从而构建一个产地到消费终端无缝对接、布局合理的农产品市场网络。此外，我们还需积极参与公益性农产品批发市场的建设试点，对于具备条件的地区，鼓励政府控股的农产品批发市场交由供销合作社进行建设、运营和管护。同时，持续推进新农村现代流通服务网络工程建设，完善农资、农副产品、日用消费品和再生资源回收等网络体系，推动连锁化、规模化、品牌化经营服务新格局的加速形成。面对商业模式和消费方式变革的新趋势，我们必须加快发展供销合作社电子商务业务，实现网上交易、仓储物流和终端配送的一体化运营，推动线上线下业务的深度融合发展。

第三，为了构建城乡社区一体化服务体系，我们需紧跟新型城镇化与新农村建设的步伐，加速推进农村综合服务社与城乡社区服务中心（站）的建设。这些服务平台将为城乡居民提供多元化服务，包括日用消费品、文体娱乐、养老幼教以及就业培训等。同时，我们要统筹规划城乡供销合作社资源，大力发展城市商贸中心和经营服务综合体，以强化城市供销合作社在沟通城乡、服务"三农"方面的引领与辐射作用。在此基础上，我们要充分利用供销合作社的自身优势，积极推动生态养生、休闲观光、乡村旅游等新兴服务业的发展。此外，我们还应积极参与美丽乡村建设，规范布局再生资源回收网点，以推动资源的循环利用和高效利用，从而改善城乡生态环境，为居民创造更加宜居的生活空间。

第四，为了深化农村金融服务，解决农民在融资方面遇到的困难，并加强合作经济组织的服务功能与实力，我们需要稳步推动农村合作金融的发展。在条件允许的供销合作社中，应依照社员制和封闭性原则，确保不对外吸储放贷且不支付固定回报，进而推进农村资金互助合作。此外，具备条件的供销合作社可依法设立农村互助合作保险组织，以提供互助保险服务。同时，对于符合相关条件的供销合作社企业，应鼓励其按照法定程序发起设立中小型银行试点，以增强为农服务的能力。我们还应鼓励有条件的供销合作社设立融资租赁公司、小额贷款公司以及融资性担保公司，并与地方财政合作，共同出资设立担保公司，以进一步拓宽融资渠道。在这个过程中，供销合作社联合社、金融监管部门以及地方政府需明确各自的职责分工，切实承担起监管和风险处置的责任，确保农村金融服务的稳健发展，并有效防范和化解金融风险。

李春生强调，深化供销合作社改革的根本宗旨在于更好地服务农民。遵循国务院的指示，自2015年起，供销合作社系统已在河北、浙江、山东、广东四省先行开展了综合改革试点，这些试点在基层组织建设、系统内外合作、农业全面服务以及农村金融创新等方面均获得了显著的初步成果。面对经济新常态，我们必须不断革新思维，扩大经营服务范畴，以强化在市场竞争中的综合实力，从而更全面地履行对农民的服务承诺。

二、学习 2016 年 4 月 25 日习近平总书记重要讲话精神

2016 年 4 月 25 日，习近平总书记在农村改革座谈会上讲到深化农村改革需要多要素联动时，明确指出要推进供销合作社综合改革。新华社记者就深入学习贯彻习近平总书记小岗村重要讲话精神采访了中华全国供销合作总社理事会主任王侠。他表示，总书记的重要讲话是关于农村改革的又一次动员和部署，向全社会释放出农村改革只会深化、不会停滞的强烈信号，对当前农村改革发展中最紧要、最现实的重大理论和实践问题作出了深刻阐述和回答，为我们做好"三农"工作指明了方向、划清了底线、提供了遵循。

（一）从传统供销"一条线"扩至为农服务的"一个面"

供销合作社的基石与生命力皆源自其对于"三农"的深切服务。近年来，为应对农业农村面临的新形势、新挑战，供销合作社积极响应并深入落实《中共中央国务院关于深化供销合作社综合改革的决定》的精神，推动综合改革不断向前。凭借其在农村深深扎根、与农民紧密相连的天然优势，以及健全的经营网络，供销合作社正不断提升其服务能力，拓宽服务领域，致力于成为推动农民生产生活不断向前的强大力量与综合服务平台。

在解决"谁来种地"这一核心问题上，供销合作社基于山东等地丰富的经验，积极推广土地托管服务模式。这种模式在保持土地承包关系稳定的前提下，有效激活了经营权，推动了农业向规模化和集约化方向发展，同时使农民有了进城务工增收的更多选择。目前，土地托管服务已在超过 10 个省份广泛展开，累计托管面积超过 6000 万亩。

针对农产品"卖难"问题，供销合作社积极构建农产品市场体系，在重要产销区和集散地新建和改造了 300 多家农产品批发市场，目前系统内共有农产品市场 1100 家。同时，供销合作社大力发展农产品电子商务，2015 年 11 月中华全国供销合作总社更是成立了全国性电商平台"供销 e 家"，上线的商品种类超过2.5 万种，其中九成以上是农产品。

为了增加农民收入，供销合作社积极响应总书记的号召，致力于推动第一、第二、第三产业的融合发展。在湖南、安徽等地，供销合作社帮助地方培育了茶叶、瓜蒌子等特色产业，实现了农产品就地转化增值，让农民在家门口就能享受到农业发展的增值收益。

面对城镇化进程中农民需求升级的新趋势，供销合作社广泛开展了社区综合服务工作，已在全国建立了36万个社区综合服务中心，覆盖了超过一半的行政村，为农民提供日用品销售、技术培训、养老幼教等综合服务。

展望未来，供销合作社将继续坚守为农服务的初心，致力于形成综合性、规模化、可持续的为农服务体系。在充分尊重农民意愿和权益的前提下，供销合作社将进一步完善和推广土地托管服务模式，将其拓展至全国适宜地区，从粮食作物到经济作物全方位覆盖，探索多样化的托管方式。同时，供销合作社还将积极促进第一、第二、第三产业的深度融合，大力发展农产品电子商务，为农民提供覆盖生产、加工、流通全产业链的优质服务。

（二）夯实基层基础　密切群众联系

供销合作社的基层社，作为直接服务于农民的先锋力量，在综合改革的浪潮中取得了显著的恢复与发展。近年来，基层社的覆盖面和服务功能均得到显著增强，扭转了原有的薄弱状况。

2013—2015年，全国供销社系统已成功恢复了8664个基层社，总数跃升至2.8万家，较2012年增长了45％。特别值得一提的是，县及县以下销售额在全国供销社系统的占比已提升至72％以上。在综合改革试点省份如河北、浙江、山东、广东，它们在农业社会化服务、基层组织改造、联合社治理结构等方面，积累了大量可复制、可推广的宝贵经验，改革的积极影响正逐步展现。

展望未来，供销合作社将把重心放在基层社的分类改造和规范发展上。我们的工作重点将从"扩大覆盖面"转变为"提升服务质量"，确保基层社在覆盖广泛的同时，能够稳固立足、有效服务。同时，我们还将依据合作制原则，进一步完善基层社的内部管理机制和利益联结机制，以加强与农民在组织和经济上的紧密联系，共同构建一个更加紧密的利益共同体。

（三）构建双线运行机制　激发活力动力

当前，深化农村改革的关键任务之一是全力加速供销合作社的综合改革进程。我们将严格按照习近平总书记的重要指示，以政事、社企的清晰划分为指导原则，持续优化供销合作社联合社的治理结构，以充分激发其内在动力和发展潜力。在此过程中，我们将努力摒弃联合社机关原有的行政化运作方式，代之以符合合作经济组织特性的思维方式和工作模式，更多地借助市场和经济手段推动工作进展。同时，我们将明确划分行政管理、行业指导以及经营服务的职能，特别是加强社企关系的调整，旨在构建一套由行业指导体系和经营服务体系共同构成的双线运行机制。

供销合作社在改革道路上将保持稳健步伐，确保无论改革如何深入，始终坚守为农服务的初心，不削弱系统优势和规模优势，不减少社有资产，不偏离市场经济的导向，并坚决避免"一刀切"的简单处理方式。我们既要勇于创新探索，也要严格控制风险，严守底线，避免任何形式的反复和折腾，确保每一项改革都能成功落地，确保改革平稳推进，经济健康稳定发展。

三、2021 年"中央一号文件"关于深化供销合作社 综合改革的政策学习

发展生产、供销、信用"三位一体"综合合作，是习近平总书记在浙江工作期间亲自部署和推动的重大改革举措。2021 年"中央一号文件"指出，要"深化供销合作社综合改革，开展生产、供销、信用'三位一体'综合合作试点，健全服务农民生产生活综合平台"。同年 6 月，中华全国供销合作总社、中央农办、中国人民银行、中国银保监会等 4 部门联合出台《关于开展生产、供销、信用"三位一体"综合合作试点的指导意见》。该意见明确，到 2023 年 6 月底，打造若干具有示范引领作用的"三位一体"试点单位，试点工作自 2021 年 7 月正式开始。该意见指出，发展"三位一体"综合合作是推进现代农业经营体系建设、实现农业农村现代化和乡村振兴的有效途径，是深化农村改革、优化农业资源要素配置、加快农业发展方式转变的重要举措，是深化供销合作社综合改革、更好地践行为农服务宗旨的客观需要。

（一）准确领会和把握"三位一体"综合合作的精神实质

"三位一体"综合合作可以被理解为，它是针对我国农村经济社会发展现状而精心探索并成功实施的一种高效实践模式。自改革开放以来，家庭联产承包责任制的实施极大地激发了农业生产的内生动力，显著推动了农村经济的快速增长。然而，这种分散的农业生产模式也带来了挑战，如农业生产的碎片化，它限制了农业机械化和农业科技等关键要素的广泛应用，从而阻碍了现代农业向规模化、集约化和标准化方向的发展。在这样的背景下，农民专业合作社应运而生并快速发展。然而，由于这些合作社的功能相对单一，主要集中于农业生产环节，它们在整合流通和金融要素方面显得力不从心，导致农民在市场竞争中仍处于相对弱势的地位。因此，"三位一体"综合合作模式应运而生，旨在解决这些问题，推动农村经济的全面发展。2006年1月，习近平同志在浙江省农村工作会议上首次正式提出农民专业合作、供销合作、信用合作"三位一体"。同年12月，习近平同志亲自在瑞安市召开全省现场会进行经验总结和推广，将综合合作拓展表述为"三重合作功能的一体化、三类合作组织的一体化、三级合作体系的一体化"。由此，通过有效整合三大体系、三重功能，帮助农民专业合作社进一步提高组织化程度、提升发展水平、增强竞争能力的生产、供销、信用"三位一体"综合合作理论基本确立，并在实践中日益发挥出巨大的指导作用。

"三位一体"综合合作模式深植于市场运行规律之中，内在逻辑严密，理论根基深厚。在人类经济事务中，生产与流通（或供销）本就是紧密相连的两个环节。农资的投入、农产品的采购、运输及销售，这些流通环节对于农业生产中土地和劳动力创造的价值实现至关重要。而这一切的顺畅进行，又以稳定的资金流和信用体系为前提。信用合作不仅推动了生产与供销的紧密配合，同时也依赖这两者产生的交易数据进行运作。只有将这三者融为一体，我们才能充分发挥其综合效能。在此合作框架内，生产合作是基石。它集结了农村土地、生产资料和人力资源，利用技术优势和规模经济，促进了小型农户与现代农业体系的结合。供销合作则在这一基础上扮演着连接者的角色，通过优化流通环节，将生产成果转化为市场价值，实现了农业、工业和服务业的协同发展。这不仅为工业回馈农业、城市支援农村建立了坚实的通道，还促进了小农户与大市场的有效对接。信用合作则是这一体系中的稳定力量，为生产和供销提供必要的资金和服务支持，推动农业持续进步。同时，通过引入技术、管理和数据等新型生产要素，信用合作进一步提升了生产与供销的效率，引领"三位一体"综合合作迈向更高层次。

在推进"三位一体"综合合作试点的道路上，供销合作社需深刻领悟并精准把握其核心要义。该要义的核心在于，通过加强农业产业链的资源整合与协同进步，形成合理的规模优势，以此降低农业成本，提升效益。我们必须清楚地认识到，"三位一体"中的"一体"概念，不仅仅指组织结构的统一，还包含服务功能的整合，其形式应灵活多变。以浙江为例，其探索的农合联模式便是对"三位一体"理念的生动实践。而山东等地则利用供销合作社的组织网络，在提供流通服务的同时，向生产服务、金融服务等领域延伸。重庆通过"三社融合"战略，有效结合了生产、供销和信用服务，推动了各方面的协同发展。这些实践均紧密贴合"三位一体"综合合作的核心理念，并产生了显著的实践效果。

事实上，无论我们采取何种模式来推进农业的综合发展，其核心都在于能够成功融合生产、供销和信用这三大服务功能。这三大功能的融合，对于提高农民的组织化程度，形成一股强大的推动力，以促进农业产业的发展、推动农村文明的进步、实现农民持续增收具有至关重要的意义。首先，生产功能的强化是实现农业综合发展的关键一环。我们需要通过科技创新、农业机械化和智能化等手段，提升农业生产效率，优化农业生产结构，确保农产品的质量和安全。同时，还要注重培养新型职业农民，提高他们的生产技能和经营管理能力，为农业生产提供坚实的人才保障。其次，供销功能的完善对于推动农业产业发展同样重要。我们需要建立健全农产品流通体系，畅通销售渠道，减少流通环节，降低流通成本，确保农产品能够及时、有效地进入市场。同时，还要加强农产品品牌建设，提升农产品的知名度和美誉度，增强农产品的市场竞争力。最后，信用功能的发挥在农业综合合作中发挥着不可或缺的作用。我们需要建立健全信用体系，为农民提供便捷、安全的金融服务，帮助他们解决生产、经营中的资金问题。同时，还要加强信用监管，防止金融风险的发生，确保农业综合合作的稳健发展。只有成功融合生产、供销和信用这三大服务功能，才能形成一股强大的推动力，推动农业产业的发展、促进农村文明的进步、实现农民持续增收。我们将不断深化对"三位一体"综合合作理念的理解与应用，积极探索适合本地实际的农业综合发展模式，为农业农村的现代化进程添砖加瓦。通过不断创新和实践，我们相信农业综合合作一定能够发挥出更大的潜力，为乡村振兴战略的实施作出更大的贡献。

（二）准确领会和把握"三位一体"综合合作的重要意义

推动"三位一体"综合合作，对于实现农业农村现代化、全面推进乡村振兴、深化供销合作社改革以及更好地服务"三农"具有深远的战略价值。从国家层面审视"三农"工作，我们可以发现，"三位一体"综合合作不仅是农业生产关系和农村经营管理体制的一次重大革新，更是引领乡村振兴和农业农村现代化的重要通道。自改革开放以来，家庭联产承包责任制的实施标志着我国土地制度的一次深刻变革，有力促进了农村经济的初步腾飞。而到了 2016 年，中央进一步推进土地所有权、承包权、经营权的"三权分置"改革，通过创新经营体制，推动农业生产的适度规模化，优化生产方式，进而提高了农业生产效率。但若想实现农村经济的新一轮跨越，我们仍需在农业生产组织、运营机制以及管理体系上推进深层次的配套改革。"三位一体"综合合作的开展，以及新型合作经济体系的构建，能够有效提升农民的组织化程度，加强生产、流通、金融等资源的良性互动与深度融合，实现资源的集约化配置。这将进一步促进第一、第二、第三产业的紧密联动与协同发展，拉长农业产业链，提升农业生产效率，最终助力农民走向富裕。因此，"三位一体"综合合作不仅代表了我国农业农村经济发展的重大理论与制度创新，更是走向乡村振兴和农业农村现代化的关键之路。

从供销合作社的角度来看，"三位一体"综合合作不仅是其深化内部改革、坚守为农服务初心的核心目标和内在驱动力，更是指引其发展的明确方向。习近平总书记在最近的指示中再次强调，供销合作社应努力成为助力农民生产与生活的全方位服务平台，为乡村振兴贡献力量，并推动我国供销合作事业迈向新高度。这一指示重申了党中央对供销合作社深化改革的期望和要求。根据中发〔2015〕11 号文件，供销合作社的综合改革需围绕"创新农业生产服务""提升农产品流通效率""稳妥推进农村合作金融服务"以及"构建城乡社区服务网络"四大方面来扩展其服务范围，并建立起相应的基层组织构架和联合社管理机制。"三位一体"综合合作的实施，不仅与 11 号文件精神高度契合，还在更广阔的视野下敦促供销合作社在体制、组织和业务模式上进行持续创新，以更好地融入并支持农业农村的整体发展，从而为乡村振兴和农业农村现代化添砖加瓦。可以说，"三位一体"综合合作体现了供销合作社对习近平总书记重要指示的深刻理解和切实执行，它不仅是供销合作社在新发展阶段探索新路径、开创新局面的关键所在，也是其重要的实践内容和方向指引。

（三）准确领会和把握"三位一体"综合合作试点工作的总体要求和关键点

我们必须深刻认识到提升政治站位的重要性，并对此给予极高的关注。在浙江任职期间，习近平总书记便以非凡的洞察力提出了推进生产、供销、信用"三位一体"的综合合作理念，旨在促进农村新型合作经济的蓬勃发展。在全国供销合作社第七次代表大会即将召开之际，他明确指出供销合作社作为党领导下的综合性合作经济组织，应致力于服务农民的生产与生活，成为连接党和政府与农民群众的桥梁。实施"三位一体"的综合合作不仅为打造服务农民的综合平台提供了有效途径，更是成为党和政府可信赖、可依靠的为农服务主力的必要条件。因此，我们需要进一步提高政治觉悟，将"三位一体"综合合作试点工作视为践行习近平新时代中国特色社会主义思想的具体行动，也是我们必须承担并圆满完成的重大政治使命。我们必须确保每一项工作都落到实处、精细管理、高效执行，以不负党和人民的厚望。

我们要进一步深化与农民的紧密联系，并坚定服务"三农"的根本方向。不论供销合作社进行何种改革，其坚守为农服务的核心宗旨是不能动摇的。为农服务既是供销合作社的基石，也体现了其核心价值。在推动"三位一体"综合合作的过程中，我们应始终遵循与农民合作、让农民受益的原则，确保服务与合作相得益彰。保障农民权益、提升农民利益是我们的首要任务，这一宗旨应贯穿于试点方案的设计、任务的推进以及措施的落实等各个环节。我们要通过合作提升服务水平，再通过服务促进更深层次的合作。借助"三位一体"综合合作试点的机会，我们应积极探索以产权为纽带的多元化形式，强化与农民的利益联结，共同打造与农民合作共赢的生态圈。同时，我们要持续提高为农服务的质量和效率，使供销合作社真正成为助推"三农"发展的综合性合作经济组织。此外，我们还将致力于提升农业生产效率，增加农产品的附加值，推动小农生产向现代农业转型。通过帮助农民实现本地就业，促进其持续增收，让农民切实感受到"三位一体"综合合作带来的实惠，共同分享改革发展的成果。

在推进"三位一体"综合合作的过程中，我们必须坚持实事求是、因地制宜的原则，同时注重地方特色的发挥和实际效果的追求。以浙江省为例，在党委政府的支持下，成功打造了农合联平台，这一举措有效地整合了生产、流通、资金和技术等关键要素，为农民提供了全面且周到的服务。河北省和四川省绵阳市则通过农村产权交易平台，开展了对农村林地、宅基地的评估与鉴证工作，这样的做法在很大程度上缓解了农民在贷款时抵押物不足的问题。山东省的做法是依托产业链，将生产、供销、信用服务等功能紧密结合，为农民和涉农主体提供了全面且高效的农业生产服务。重庆市则在积极探索横向合作模式，"三社融合"的做法进一步完善了各项涉农服务功能。这些实践都是基于各地的实际情况展开的，不仅展现了改革的普遍性，更凸显了各区域的独特性。在各地的试点工作中，我们应避免机械地模仿，不应将"三位一体"综合合作简单地等同于建立"农合联"，同时也不应局限于内联、外联或平台嵌入等任何固定的形式。相反，我们应从实际出发，全局考虑，综合权衡地域特点、经济发展水平、产业特色和整体发展环境等多重因素。在强化制度建设和风险防控的基础上，我们应持开放包容的态度，积极推动对不同业务形态和模式的探索，以创造出更加贴近实际、行之有效的"三位一体"综合合作实践方式。

在农业生产过程中，生产、供销、信用等环节扮演着至关重要的角色，对农业产业的推进具有举足轻重的作用。然而，这些环节各自也存在一定的限制。为了农业发展能够得到更全面、更深入的服务，我们需要将这些环节进行联合与统筹，形成强大的合力。推进"三位一体"综合合作的目的，就是积极引领各类合作组织拓展其服务功能，建立起协同工作的机制，进而推动农业与工业、供销、金融、科技等领域的资源整合与共享。这样的举措将有助于进一步提升农民专业合作社的组织化程度，提高其发展水平，并增强其市场竞争力。在各地进行的试点工作中，应着重强化系统思维，加强部门间的协作与资源要素的集聚，以实现资源的最大限度共享与协同工作。我们应将"三位一体"综合合作试点视为推动乡村振兴与农业农村现代化的重要手段和有效途径。特别是在信用合作方面，我们需要加强与各类金融机构的紧密合作，避免过分强调资金互助，而忽视金融资源的有效引入。我们要充分认识到，只要能够在风险防范的基础上，成功引导金融资源进入农业农村领域，为乡村振兴和农业农村现代化提供有力支持，这样的信用合作就是我们所倡导和追求的。

（四）准确领会和把握"三位一体"综合合作试点工作的重点任务

首先，我们需要精心选择和培养实施载体。供销合作社的基层组织在推进"三位一体"综合合作中扮演着举足轻重的角色，对于确保试点工作的有效性至关重要。因此，我们必须大力推进供销合作社的壮大与发展计划，全面强化基层组织网络的构建。具体来说，我们需要聚焦于加强基层社的建设，采取切实有效的措施来消除那些没有资产、没有业务、没有人员的"三无"基层社。这包括重建综合性的经营设施，并积极吸纳农民加入，从而为农民提供更坚实的基础服务。同时，我们还应通过多种方式，如供销合作社投资、争取政府财政支持、与企业共建等，对薄弱的基层社进行改造和升级，以拓展其服务功能和经营范围，从而更加紧密地与农民的利益相连。其次，我们还应努力打造一个综合性的为农服务平台。这包括积极发展农村的综合服务社，对现有的硬件设施进行升级改造，以扩大经营和业务范围。同时，我们还需要统一品牌标识和服务标准，以持续提升服务质量和用户满意度。另外，加快现代农业综合服务中心的建设也是关键，这将为新型农业经营主体如农民专业合作社、家庭农场、种粮大户等提供全方位的农业生产性服务，包括土地流转、代耕代种、机械化播种与收割、统一的病虫害防治与购销等，从而推动农业的规模化种植、标准化生产以及品牌化经营。最后，我们还应基于自愿的原则，积极探索并组建联合型组织。这可以根据区域或产业的特点，加速发展农民合作经济组织联合会或农民专业合作社联合社，以实现更高层次、更广范围的联合与合作，从而推动供销合作事业的持续与健康发展。

我们始终坚守"三农"服务的根本宗旨，这也是"三位一体"综合合作的核心所在。为了达成这一目标，我们需要不断巩固生产合作的基础地位，充分发挥供销合作的引领作用，以及加强信用合作的支柱作用。在生产合作层面，我们应着重提升其发展水平，持续增强基层社的服务能力。以构建完善的农业社会化服务体系为目标，我们将整合系统内外的农资、农化服务及科研机构等资源，全面推动从耕种到加工的全链条、综合性、大规模的社会化服务。同时，致力于提高农业科技成果的转化效率，以推动生产合作向更高层次、更广领域迈进。在流通服务方面，我们将不断创新农产品流通模式，持续拓展流通网络的服务范围。依托现有的农资和日用品流通网络，以及遍布乡村的综合服务社，我们将进一步丰富经营品种，如医药、图书等，并与通信、金融等多部门开展广泛合作，将更多业务融入供销合作社的网络中，实现资源共享、互利共赢。在金融支撑领域，我们将加强与各类金融机构的紧密合作，融合供销合作社的服务功能、商业银行的资金融通功能以及担保公司的增信功能，共同形成强大的金融支农力量，为新型农业经营主体提供全方位的金融服务。同时，我们将积极探索供应链金融的新模式，建立完善的信用信息机制，为信用合作奠定坚实的数据基础，并确保金融资金能够顺畅下沉。此外，我们还将规范资金的使用，加强制度建设，以有效防范和化解潜在的金融风险。

为了深入推进"三位一体"综合合作模式，我们必须充分考虑到农业产业的脆弱性和农民在市场竞争中的相对弱势，因此，需要全面汇聚各方资源，以产生显著的扶持和推动作用。我们应该有效地整合供销系统中的领军企业、研究机构和社会团体等多元化资源，进而增强对基层社在"三位一体"合作中的指导和服务功能。这包括优化流通网络的布局，大力推动农副产品电子商务的有序发展，加强冷链物流体系的现代化建设，并在关键地区加速建立一批农副产品批发市场。这些措施将大幅提升农副产品的流通效率，为农产品的生产和消费搭建起高效的桥梁。同时，我们需要进一步激发社有企业的内部活力，确保其将服务"三农"作为核心使命和主营业务。通过优化资本配置，我们可以提高社有企业对"三位一体"综合合作模式的支持和推动作用。在条件允许的地区，我们甚至可以考虑从社有企业的收益中提取一定资金，用于设立风险补偿基金、提供贴息贷款或实施直接补贴等方式，以支持基层社和农民专业合作社的稳健发展，从而推动农业农村经济的持续、健康和快速发展。

（五）凝心聚力，确保"三位一体"综合合作试点工作取得实效

要着重加强组织的领导力度。我们需深刻认识并把握"三位一体"综合合作所蕴含的深远意义，将其视为重中之重，并倾注全力推动试验性工作的进展。在省级层面，我们需切实承担起领导的角色，对试验性工作进行全面的组织和管理。为此，应成立专项工作组，精心设计行动方案，并对各项措施进行详尽的规划。同时，我们应与各相关部门联手，建立试验性工作联合会议机制，以统一筹划、共同推进试验性工作的深入开展。在市级层面，应认真履行指导和服务的职责，有效促进资源的整合和协调，根据地方实际情况，确保试验性工作的顺利执行。而在县级层面，我们需承担起试验性工作的主体责任，紧密结合当地实际状况，积极应对并解决在试验过程中遇到的各种挑战和问题，从而确保试验性工作能够稳步前进并取

得显著的成果。

在推进"三位一体"综合合作进程中，我们必须扩展协作的视野，不应仅限于供销合作社内部的力量。我们需要以更开放和包容的态度，主动与党委及政府各相关部门增进沟通和联系，努力赢得更多的政策支持和资金保障，有效承接由政府转移的职能，从而汇聚成一股强大的推动力，促进我们事业的发展。同时，我们需要进一步加大总社与国家开发银行、中国农业银行总行、中国建设银行总行、国家农业担保联盟、人保集团等金融机构之间"总对总"战略合作协议的执行力度。通过深化与各类大型金融机构的对接与合作，我们将打通资金引入的渠道，确保更多的金融资源能够注入供销合作社，为生产合作与供销合作提供稳固的支持。

为了不断推进"三位一体"综合合作的深入发展，我们必须进一步重视和强化人才的基础性支撑作用。这需要我们持之以恒地加强系统内的人才队伍建设，并持续加大对干部职工的教育和培训投入。我们应当将"三位一体"综合合作作为核心内容，积极推动省级社主任的专题培训以及县级社主任的定期轮训。同时，我们需要与合作机构保持紧密的联系和沟通，共同完善人才培训与交流机制，旨在培养一支能够深入农村、理解农业、适应市场化特点并满足合作经济发展需求的"三位一体"新型农业人才队伍。除此之外，我们还应当制订多层次、具有明确针对性的人才引进计划，特别是在关键领域，要加大力度引进高端、精英人才，以此来优化我们的人才队伍结构，并提升整体的工作效能。

为了顺利推进"三位一体"综合合作试点，各地区必须下大力气营造优良的发展环境。首要任务是积极争取政府的支持，为农业资源的整合和各项任务的顺利实施创造有利的政策氛围。同时，需要全面落实错误容忍和纠正机制，以鼓励大家勇敢探索、敢于创新。我们还应充分利用媒体的力量，通过多种渠道增强对试点工作的宣传推广，以此提升其社会影响力，吸引全社会对"三位一体"综合合作的广泛关注和鼎力相助，从而为试点工作的成功推进奠定坚实基础。另外，跟踪评估与反馈工作亦不可忽视，我们应借助系统的综合业绩评价等工具，构建并完善激励机制，以此调动各地推进试点工作的热情和主动性。

四、2023年《中共中央　国务院关于做好2023年全面推进乡村振兴重点工作的意见》学习

《中共中央　国务院关于做好2023年全面推进乡村振兴重点工作的意见》第六部分第22条提出：促进农业经营增效。深入开展新型农业经营主体提升行动，支持家庭农场组建农民合作社、合作社根据发展需要办企业，带动小农户合作经营、共同增收。实施农业社会化服务促进行动，大力发展代耕代种、代管代收、全程托管等社会化服务，鼓励区域性综合服务平台建设，促进农业节本增效、提质增效、营销增效。引导土地经营权有序流转，发展农业适度规模经营。总结地方"小田并大田"等经验，探索在农民自愿前提下，结合农田建设、土地整治逐步解决细碎化问题。完善社会资本投资农业农村指引，加强资本下乡引入、使用、退出的全过程监管。健全社会资本通过流转取得土地经营权的资格审查、项目审核和风险防范制度，切实保障农民利益。坚持为农服务和政事分开、社企分开，持续深化供销合作社综合改革。业内专家分析认为，为农服务和政事分开、社企分开"两分开"是基于当下全国各级供销社几乎都设有自己控股的社有企业"供销集团"而提出，相关业务需予以划分。《意见》中加快农产品产地冷藏、冷链物流设施建设，加强化肥等农资生产、储运调控等，也给供销社带来了新的发展机会。

正确处理两个方面的关系。首先，要正确处理好传统业务与新兴产业的关系。农资、棉花、再生资源、烟花爆竹等是供销社的传统主营业务，要以"三农"为主要服务对象。同时要适应新的市场需求，积极培育新兴业务，如"加快农产品产地冷藏、冷链物流设施建设，加强化肥等农资生产、储运调控，推动农村客货邮融合发展，大力发展共同配送、即时零售等新模式，推动冷链物流服务网络向乡村下沉"等，共同促进乡村振兴。其次，要正确处理供销社的性质（集体性、合作性、经济性）与社会主义市场经济的兼容性的关系，在建设中国式现代化过程中，供销社应积极探索与社会主义市场经济的多种实现方式，与其他经济组织合作、协作、参股，并探索供销合作社、农民合作社、信用合作社"三社合一"改革试点。目前

来看，供销社与农民合作关系不够紧密，综合服务实力不强，层级联系比较松散，体制没有完全理顺，必须通过深化综合改革，进一步激发内生动力和发展活力，努力在发展现代农业、促进农民致富、繁荣城乡经济中更好地发挥独特优势，担当起更大责任。未来供销合作社仍需深化综合改革，明确其是一个以农民社员为主体的集体所有制性质的合作经济组织，明晰产权与经营业务边界，打造中国特色的为农综合服务组织体系，全面增强其联农、为农、务农的黏合力和服务实力。

持续深化供销合作社综合改革。县域流通服务网络确实是供销社近年来发力的重点，2021 年 11 月 3 日，中华全国供销合作总社便印发了《关于开展供销合作社县域流通服务网络建设提升行动的实施意见》，提出"十四五"时期，建立完善以流通骨干企业为支撑、以县城为枢纽、以乡镇为节点、以村级为终端的三级县域流通服务网络，努力实现县有物流配送中心和连锁超市、乡镇有综合超市、村有综合服务社。在 2022 年推动农业社会化服务、构建县域流通网络及促进乡村物流发展的基础上，2023 年"中央一号文件"对持续深化供销合作社综合改革提出了更为明确的要求。总社七届五次理事会议也着重指出，2023 年的核心任务之一是优化和完善系统企业内的中国特色现代企业制度。此外，还需完善社有企业的市场化运营机制，进一步深化"三项制度"改革，从而充分激发企业干部和员工的工作热情，持续提升企业的发展活力和内部驱动力。对于传统流通和农业社会化服务领域，总社七届五次理事会议也给出了详细的工作指导。全国供销社系统应聚焦于提升农村流通服务，洞察流通变革的动向，并遵循流通发展的规律，以持续提高流通服务的质量。具体而言，一是要构建一个连接产销的高效现代化农产品流通网络；二是需根据地方实际情况，发展适宜的县域流通服务网络。同时，全国供销社系统应紧密围绕新一轮千亿斤粮食产能提升行动，积极推进农业社会化服务，并持续提升其服务能力和水平。这包括：增强服务载体、扩大服务范围，以及创新服务方式。特别地，我们要优化对小农户的服务，协助他们解决那些单独难以完成、效果不佳或成本过高的任务，从而更好地促进小农户与现代农业的融合发展。供销社的县域流通服务网络建设，有利于实现全国统一大市场。再加上全国供销社建设的日用消费品采购平台、农产品销售平台、电子商务平台和物流网络平台等，将城乡小生产和城乡大市场紧密地联系起来。未来在加快农产品产地冷藏、冷链物流设施建设，加强化肥等农资生产、储运调控的过程中，也将发挥大作用。此外，2023 年"中央一号文件"在抓紧抓好粮食和重要农产品稳产保供、强化农业科技和装备支撑、巩固脱贫攻坚成果、推动乡村产业高质量发展、拓宽农民增收致富渠道等方面，均为供销合作社发展带来新的机会，未来供销合作社在上述方面将发挥重要作用，助力国家乡村振兴战略目标实现。

全力做好农资保供稳价确保粮食安全。相较于 2022 年的"中央一号文件"，2023 年的"中央一号文件"在关于切实保障粮食和重要农产品的稳定供应方面，特别强调了完善农资保供稳价的应对策略。在 2022 年，受新冠疫情和国际冲突加剧的双重影响，众多供销合作社农资企业遭遇了空前的挑战。然而，这些企业迎难而上，顶住重重压力，确保了农资的稳定供应和价格平稳，从而为我国的粮食安全提供了坚实保障。在总社七届五次理事会议上，重点提出供销合作社系统应聚焦于服务并保障国家的粮食安全，竭尽全力做好农资供应工作。为此，需要充分发挥农资流通的主要渠道作用，建立起省、市、县三级的农资应急保供机制。同时，要全面做好关键农时期间的农资储备、调运及供应，以保证供销合作社农资的充足供应、优质品质和稳定价格。此外，会议还提出要加速农资企业向基层的渗透，加强与基层社等各类销售网点的合作，以不断拓展农资服务的网络覆盖。最后，强调要加强农资的质量管理，严格防止任何假冒伪劣的农资商品通过供销合作社的渠道流入市场。

深刻领会农业绿色发展的重要意义。在 2022 年推动农业农村绿色进步的基础上，2023 年"中央一号文件"进一步着重强调了农业投入品的减量与增效，同时提出了构建农药包装废弃物收集利用体系的设想。供销合作社系统长期以来在农资、再生资源等传统业务领域内，都秉持着绿色发展的理念。2022 年，总社发起了"绿色农资"提升计划，旨在加速推进系统内农资企业的绿色、高质量发展。在江苏省，有 58 个县级社的农资公司参与了农药包装废弃物的回收处理以及农药零差率的统一配送服务，这一举措不仅为农民提供了价格公道、低毒且高效的农药，还有效地助力解决了农业面源污染的问题。在总社七届五次理事会议上，提出了供销合作社系统应启动"绿色农资"提升行动的试点工作，旨在进一步改善农资供应的组成结构，并拓展农资服务的范围。聚焦冷链物流服务网络建设。2022 年和 2023 年的"中央一号文件"均着重关注了冷链物流服务向农村地区的深入拓展。特别是 2023 年的"中央一号文件"，进一步强调了对于建设产地冷链集配中心的支持，这一重点是对文件中提及的加强县域商业体系建设、构建县域集采集配中心以及推动农产品加工流通业壮大发展的具体执行策略。在总社七届五次理事会议上，也明确指出了要大力发展农产品冷链物流的决策。会议提出，应深入推进供销合作社系统的农产品冷链物流体系构建工程，加快在产地布局冷链物流设施，并提升农产品采后预冷、仓储保鲜及冷链配送等一体化服务能力。对于有条件的供销合作社，鼓励它们根据实际情况，争取财政资金支持或专项债等融资方式，积极参与国家或地方层面的农产品冷链物流骨干网络建设。

巩固拓展脱贫攻坚成果仍是当前重要任务。按照"科学规划引领发展、优化产业造血发展、精准帮扶互助发展"的原则，全力打好"脱贫攻坚战"，以社有企业为依托，帮助解决贫困户就业、劳动力输出的问题，以产业帮扶，带动贫困户发展，增加农民收入，为乡村振兴战略注入活力。在继承 2022 年政策导向的基础上，2023 年"中央一号文件"进一步明确了发展庭院经济与开展多样化消费帮扶的方向，同时强调对脱贫地区打造区域公用品牌的支持。总社七届五次理事会议则着重指出，我们需要集中力量巩固并拓展脱贫攻坚所取得的成果，全力以赴做好帮扶工作。这包括持续进行定点帮扶与对口支援，积极推动消费帮扶，并进一步深化援疆援藏工作。为了更有效地促进脱贫地区农产品的顺畅销售，我们将更好地利用"832 平台"，开展形式多样的产销对接活动。同时，我们也将实施产业帮扶政策，依托地方的优势资源和特色产业，通过社有企业的引导、专业合作社的推动以及行业协会的参与，共同助力地方"土特产"的成长与壮大，进而促进乡村特色产业的发展，确保更多的农业增值收益能够留在农村，回馈给农民。数字化建设推动乡村产业高质量发展。2023 年"中央一号文件"为农业农村的数字化建设提供了更为详尽的指引。在继承 2022 年的工作基础上，文件进一步规划了"数商兴农"项目、"互联网＋"农产品进城计划，以及农副产品直播电商基地的构建。在总社七届五次理事会议上，提出全国供销社系统应积极探索新的流通模式。这包括加速传统流通网络的数字化改造，大力推进县、乡、村三级的电商服务及物流配送网络的建设，以及发展如直供直销、中央厨房等新型业务形态。同时，要充分利用农产品销售、日用品采购和农资销售这"三个平台"，以扩大集中采购规模、降低采购成本，并提升流通效率。

此外，2023 年"中央一号文件"在继承 2022 年政策的基础上，还着重强调了构建多元化的食物供应体系，倡导大食物观念，推动林下经济的发展，并扶持食用菌和藻类产业的壮大。同时，文件还提出要深化种业振兴计划，完善棉花的目标价格政策，推动农业核心技术的研发，支持农业领域的国家实验室、全国重点实验室及制造业创新中心等平台的建设。此外，提升净菜、中央厨房等行业的标准化与规范化程度，以及培育和发展预制菜产业，也是文件中的重要内容。这些政策与供销合作社的工作紧密相连，将成为系统全面助力乡村振兴的有力支撑。

参考文献

［1］中华人民共和国农业农村部，http：//www. moa. gov. cn/.

［2］中华人民共和国国家发展和改革委员会，https：//www. ndrc. gov. cn/。

［3］中华全国供销合作总社，https：//www. chinacoop. gov. cn/.

［4］国家统计局，https：//www. stats. gov. cn/.

［5］中华人民共和国农业农村部发展规划司，http：//www. jhs. moa. gov. cn/.

［6］王真，曹斌. 发展壮大农村集体经济组织的激励机制创新研究——以安徽省铜陵市村级供销社实践为例［J］. 山西农业大学学报（社会科学版），2023（10）：71－77.

［7］余粮红，高堃，高强. 休戚与共：土地托管企业与农户利益联结机制重塑［J］. 农业经济问题，2023（4）：49－63.

［8］徐旭初，李艳艳，金建东. 供销社"去内卷化"路径探析——浙江"三位一体"改革之路［J］. 西北农林科技大学学报（社会科学版），2020（5）：68－75.

［9］中国食品（农产品）安全电商研究院、北京工商大学商业经济研究所，《2024 年中国农产品电商发展报告》，2024 年 3 月.

［10］中国农业大学国家农业农村发展研究院、经济日报社中国经济趋势研究院，《2024 中国农业农村发展趋势报告》，2024 年 2 月.

［11］商务部等，《关于推动农村电商高质量发展的实施意见》，2024 年 3 月.

［12］辽宁省供销合作社联合社，http：//gxs. ln. gov. cn/.

［13］浙江供销合作网，http：//www. zjcoop. gov. cn/.

［14］中华人民共和国商务部网站，http：//www. mofcom. gov. cn/.

［15］中国供销合作网，http：//www. chinacoop. gov. cn/.

［16］中华全国供销合作总社关于推进区域电商发展的实施意见（供销经字〔2019〕30 号），2019 年 8 月 8 日.

［17］中华人民共和国中央人民政府，http：//www. gov. cn.